ESPÁRTACO
E SEUS GLORIOSOS GLADIADORES

Toby Brown
Ilustrações de Clive Goddard
Tradução de Érico Assis
3ª reimpressão

O selo jovem da Companhia das Letras

Para Farne, que teve de viver comigo e com Espártaco em um pequeno apartamento por dois anos.

Copyright © 2004 by Toby Brown
Copyright das ilustrações © 2004 by Clive Goddard

O selo Seguinte pertence à Editora Schwarcz S.A.

Grafia atualizada segundo o Acordo Ortográfico da Língua Portuguesa de 1990, que entrou em vigor no Brasil em 2009.

Título original:
Spartacus and his glorious gladiators

Preparação:
Carlos Alberto Bárbaro

Revisão:
Veridiana Maenaka
Ana Luiza Couto

Dados Internacionais de Catalogação na Publicação (CIP)
(Câmara Brasileira do Livro, SP, Brasil)

Brown, Toby
    Espártaco e seus gloriosos gladiadores / Toby Brown; tradução Érico Assis. — São Paulo: Companhia das Letras, 2009.

    Título original: Spartacus and his glorious gladiators.
    ISBN 978-85-359-1561-7

    1. Literatura juvenil I. Título.

09-10084   CDD-028.5

Índice para catálogo sistemático:
1. Literatura juvenil 028.5

2021

Todos os direitos desta edição reservados à
EDITORA SCHWARCZ S.A.
Rua Bandeira Paulista, 702, cj. 32
04532-002 — São Paulo — SP — Brasil
Telefone: (11) 3707-3500
www.seguinte.com.br
facebook.com/editoraseguinte
twitter.com/editoraseguinte
contato@seguinte.com.br

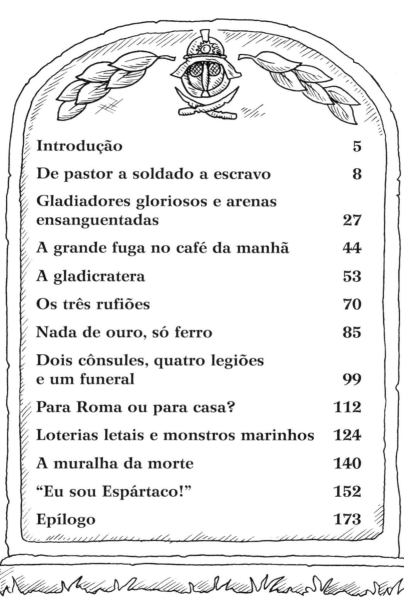

Introdução	5
De pastor a soldado a escravo	8
Gladiadores gloriosos e arenas ensanguentadas	27
A grande fuga no café da manhã	44
A gladicratera	53
Os três rufiões	70
Nada de ouro, só ferro	85
Dois cônsules, quatro legiões e um funeral	99
Para Roma ou para casa?	112
Loterias letais e monstros marinhos	124
A muralha da morte	140
"Eu sou Espártaco!"	152
Epílogo	173

INTRODUÇÃO

Ele não era rico, ele não foi rei, nem imperador, nem inventor, nem nada do tipo. Na real, Espártaco era apenas um escravo. Então por que é que 2 mil anos depois da sua morte seu nome inspirou filmes, livros e revoluções pelo mundo todo? Por que exatamente ele seria um morto de fama?

O.k., ele até que fez umas coisas legais. Mas na verdade ele não só enfrentou os romanos. Espártaco e seu exército de escravos libertos VENCERAM os romanos. Imagine a vergonha das tropas de choque romanas ao serem derrotadas por um bando de escravos sujismundos. Mas o pior de tudo era um gladiador ter liderado um exército de escravos. Para os romanos, os gladiadores eram a coisa mais baixa que podia haver no mundo.

Espártaco e seus gloriosos gladiadores

Os historiadores romanos gostavam de escrever sobre "Grandes Homens". Escreveram muito sobre imperadores e generais romanos, mas os fatos mais bizarros de suas histórias foram pra debaixo do tapete. Um ou outro escreveu sobre Espártaco e seu exército de escravos... provavelmente tinham um pouco de vergonha da coisa toda.

Salústio foi um dos historiadores que escreveu sobre Espártaco. Ele era um adolescente quando Espártaco ainda lutava na arena. Para nossa felicidade, Salústio escreveu um relato detalhado da guerra dos escravos contra os romanos. Para nossa infelicidade, sobrou pouca coisa do que ele escreveu.

Para nossa felicidade, alguns anos depois, outros escritores romanos também registraram essa história. Para nossa infelicidade, esses historiadores não concordam muito um com o outro. Mas este livro reúne os fragmentos da extraordinária vida de Espártaco. Nos pontos em que os escritores romanos não concordam, ou deixaram coisas de fora, este livro vai contar o que *provavelmente* aconteceu.

Salústio descreveu Espártaco como um homem "grande no corpo e na alma" — se você quer ser gladiador *e* líder de um exército, cá entre nós, é bom ter as duas coisas. Mas Salústio nunca descreveu seu rosto. Na verdade, ninguém

Introdução

conhecia a cara de Espártaco até 1960, quando saiu um filme sobre ele estrelado por um ator chamado Kirk Douglas. Pergunte a qualquer adulto como Espártaco parecia e eles vão dizer que ele tinha cabelo loiro espetado, olhos azuis marcantes e uma covinha bem no meio do queixo. Claro que a versão de Hollywood não mostrou que ele devia ter cabelos escuros, o nariz quebrado e vários dentes a menos. Esse é o problema de Hollywood: eles faxinam a história para tudo parecer bonitinho.

Mas este livro não vai faxinar coisa alguma. Se você não gosta de histórias de batalhas e de sangue, de gladiadores e de mais sangue, pare de ler agora. Você gosta? Então siga em frente e descubra como um pastorzinho da Trácia sofreu as agruras da vida como soldado romano, encarou a morte diariamente como gladiador, marchou por toda a extensão da Itália (duas vezes) *e* liderou um exército enorme contra as terríveis legiões romanas. Leia o diário de Espártaco para descobrir como ele fez a poderosa cidade de Roma tremer e fique informado sobre as últimas notícias de guerra no jornal *A Legião*.

Prepare-se para a aventura de uma vida...

DE PASTOR A SOLDADO A ESCRAVO

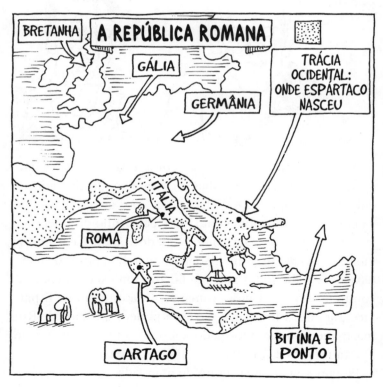

De pastor a soldado a escravo

Espártaco nasceu por volta de 100 a.C. em um lugar chamado Trácia (hoje chamado de Bulgária).

Fora algumas montanhas na região central, a Trácia era coberta por árvores. O povo da Trácia estava dividido em dezenas de tribos, cada uma com seu próprio território nas florestas e nas encostas das montanhas.

Espártaco e sua família pertenciam a uma tribo chamada Maidoi. Sua família era provavelmente assim:

Espártaco e seus gloriosos gladiadores

Os jovens Maidoi ganhavam a vida cuidando dos rebanhos de ovelhas e bois, por isso é provável que Espártaco tenha sido pastor nos primeiros anos. Não era um trabalho muito glamoroso, mas podia ser bem perigoso. As florestas da Trácia (que eram várias) eram cheias de animais selvagens, como lobos e ursos.

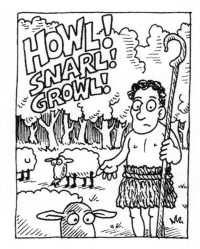

Esses animais não estavam nem aí se a carne era de pastor ou de ovelha, então Espártaco foi treinado para saber se defender. Ele teria aprendido a cavalgar e caçar com lança como os heróis das lendas trácias. Ele também teria praticado arco e flecha e aprendido a usar a funda. Acima de tudo, Espártaco era habilidoso em usar as armas tradicionais da Trácia — uma espada curta curvada e um pequeno escudo. Parece que ele teve bastante tempo para praticar enquanto cuidava das ovelhas. Mal ele sabia que esses treinos ajudariam muito no futuro...

De pastor a soldado a escravo

Durante os longos dias e noites em que cuidava do rebanho da família, Espártaco devia ficar especulando sobre o seu futuro. Ele crescera ouvindo seu pai contar feitos heroicos dos Maidoi e as grandes batalhas que lutaram contra os invasores macedônios (os vizinhos de porta da Trácia).

Espártaco provavelmente não sabia escrever, mas se soubesse ele poderia ter rabiscado algo assim no chão:

Floresta dos Maidoi, Trácia, 75 a.C.

Ai que tédio, que tédio, que tédio, que tédio. Só vejo ovelhas, ovelhas, ovelhas e mais ovelhas. Não acontece nada de interessante por aqui. Nem um lobo ou um urso para uma lutinha — eles morrem de medo do meu tamanho.

Além disso, não existem histórias de pastores heróis. Aposto que os antigos heróis nunca tiveram que encarar um bando de ovelhas berrando a semana inteira. Será que um dia eu vou lutar em uma grande batalha? Eu até que me garanto. Acho que me daria bem em combate,

Espártaco e seus gloriosos gladiadores

> principalmente se estivesse lutando por algo importante (não para proteger um bando de ovelhas burras). Eu preciso é de um plano para o futuro, algo pra me livrar dessa montanha de lã...

Mas Espártaco teria a chance de tornar seus sonhos realidade mais cedo do que pensava. Veja bem: não eram só ovelhas, lobos e ursos que rondavam a Trácia naquela época. O país também estava cheio de romanos.

Os romanos eram um bando de caras da Itália que viviam em cidades. Quinhentos anos antes de Espártaco, eles tinham se livrado do rei e declarado Roma uma República. Isso queria dizer que os romanos governavam a si mesmos (contanto que não fossem escravos, mulheres, estrangeiros, camponeses, nem nada desse tipo).

Insatisfeitos com o fato de mandarem apenas em sua própria cidade, os romanos foram conquistando o resto da Itália. E depois começaram a brigar com praticamente qualquer um que aparecesse na frente. Quando Espártaco era jovem, os romanos estavam a caminho de conquistar grande parte da Europa, pedaços da África e do Oriente Médio.

E onde quer que fossem, os romanos sempre usavam o mesmo método testado e comprovado de anexar novos territórios a seu império em expansão:

De pastor a soldado a escravo

Seis passos para fazer um império

Espártaco e seus gloriosos gladiadores

Os romanos invadiram a Trácia antes de Espártaco nascer. A região em que Espártaco vivia virou uma província romana (um território controlado pelos romanos). O resto ficou com o que os romanos chamavam de tribos bárbaras. Os Maidoi bem que tentaram resistir à invasão romana por um tempo, mas logo desistiram de lutar. (As tropas romanas eram boas, muito boas, em invasões.) É possível que os romanos tenham convencido a tribo de Espártaco a se tornar "amiga" de Roma.

De pastor a soldado a escravo

> **Faça como os romanos:** Bárbaros
> Os romanos se consideravam muito civilizados. Eles sabiam ler e escrever. Eles tinham sua própria língua (chamada de latim). Eles construíam os melhores edifícios, com aquecimento central e banheiros. Na mente dos romanos, pessoas que ainda viviam em tribos e não tinham aprendido a construir banheiros, por exemplo, eram ogros, não civilizados e fedorentos. Os gregos chamavam essas pessoas de "bárbaros", porque quando falavam parecia que só sabiam dizer "barbar". Os romanos adoraram essa palavra e começaram a usá-la para descrever a maioria dos povos da Europa e da Pérsia (o atual Irã).
>
>

Para tribos como os Maidoi, ser amiga de Roma tinha suas vantagens. Os romanos os protegiam de inimigos locais e deixavam que vendessem suas ovelhinhas em Roma. Mas o mais importante é que os romanos eram superlegais com os "amigos" mas tinham uma tendência de matar ou vender os inimigos como escravos. Ótimo motivo para ser amigo desses caras!

Oportunidades de carreira

Todo ano os "amigos" de Roma deviam mandar soldados para seus mestres italianos. O jovem Espártaco deve ter visto um cartaz assim pregado na sua vila:

Espártaco e seus gloriosos gladiadores

TROPAS AUXILIARES DE LÚCULO: PROCURAM-SE MOÇOS PARA JUNTAR-SE AO TIME VENCEDOR!

VIAJE PELO MUNDO, CONHEÇA NOVAS PESSOAS — E MATE-AS. O EXÉRCITO DE ROMA, MUNDIALMENTE FAMOSO, PROCURA AUXILIARES PARA TRABALHAR COM LÚCIO LICÍNIO LÚCULO. ARMADURA E TREINAMENTO INCLUÍDOS. BOM SALÁRIO E OPORTUNIDADES DE CONFISCAR TERRAS.

Lúcio Licínio Lúculo
GENERAL ROMANO

P.S.: EM CONCORDÂNCIA COM O TRATADO DOS MAIDOI COM ROMA, DECIDIU-SE QUE 500 MOÇOS DE SORTE PODERÃO UNIR-SE ÀS TROPAS AUXILIARES. SE NÃO HOUVER VOLUNTÁRIOS, ROMA RECRUTARÁ À FORÇA ATÉ PREENCHER AS 500 VAGAS.

Jovens como Espártaco geralmente corriam para juntar-se ao "time vencedor". Aliás, seria uma ótima decisão de carreira para o jovem Espártaco. Soldados romanos ganhavam bem, eram mais motivados, mais bem equipados e treinados do que os exércitos que enfrentavam. Para Espártaco, o exército dava a oportunidade perfeita de fugir da sua vida entediante como pastor e conhecer o mundo. Ele estava pronto para lutar as batalhas — assim como os heróis trácios de que tanto tinha ouvido falar...

De pastor a soldado a escravo

Campo de Lúculo: próximo ao Mar Negro. 74 a.C.

Que massa! Eu e os caras da Trácia estamos acampados com o exército romano. Montamos esse acampamento em poucas horas, com muros, tendas e até ruas se cruzando e tudo mais. Pra ser sincero, é melhor que a minha vila. O nosso encarregado disse que assim que aprendermos a fazer um acampamento direito poderemos aprender a lutar como romanos. Espero que seja logo! Acho os romanos muito legais. O.k., eles são meio metidos com gente como eu, os "caipiras", e ficam com os lugares mais legais do acampamento. Mas acho que quando nos virem lutar vão gostar bem mais da gente. Tinham dito mesmo que se me juntasse às Auxiliares eu ia conhecer gente de todo o mundo, e é verdade. Já conheci gregos, egípcios e um monte de espanhóis. Eles metem medo. Por sorte eles estão do lado romano também. Quem topar com a gente pelo caminho não vai ter chance!

Espártaco e seus gloriosos gladiadores

Na época em que Espártaco juntou-se ao exército romano, começou uma guerra. Em 74 a.c., um rei asiático, Mitrídates VI, estava causando problemas. Ele já havia entrado em duas guerras contra os romanos. Dez anos antes ele invadira a Grécia e a Ásia romana (e matou 80 mil italianos só por estarem morando lá). Os romanos não acharam isso legal e chutaram o cara de lá. Eles então decidiram pôr Mitrídates no seu devido lugar anexando parte de seu território. Mandaram Lúcio Licínio Lúculo (já tentou falar esse nome três vezes seguidas bem rápido?) para capturar Mitrídates e tomar as suas terras na costa do Mar Negro. Depois que Mitrídates parou de se perguntar por que os pais de Lúculo não tinham passado da letra "L" no alfabeto, ele montou seu exército. Então, Mitrídates e Roma entraram em guerra pela terceira vez. Para nosso jovem pastor trácio este seria o primeiro sabor de batalha...

A Legião

LÚCULO SORTUDO LEVA DE LAVADA HORDAS DE MITRÍDATES VS. ASTÚCIA ROMANA

A batalha começou com uma grande investida das hordas de Mitrídates. Eles obviamente esperavam varrer os legionários com uma manobra inicial violenta. As coisas ficaram pretas para os valentes garotos de Roma, um para cada dez inimigos.

Mas os bárbaros não contavam com a astúcia romana. Ao receberem o comando, os meninos de Roma armaram uma tempestade de lanças. Elas cravaram vários bárbaros no chão. Outros tiveram que largar seus escudos, que estavam pesados de tantas

De pastor a soldado a escravo

lanças grudadas. Sem escudo, os bárbaros eram alvo fácil para nossos ótimos lanceiros. Centenas foram derrubados.

O inimigo recuou e houve uma pausa. O segundo tempo da batalha foi mais equilibrado. Mitrídates abandonou a tática de assalto frontal que tinha sido um desastre no primeiro tempo. Sorrateiramente, ele dividiu seu exército e tentou cercar os romanos. A estratégia quase funcionou, mas logo se viu que a coisa estava ficando preta. Evitou-se um desastre porque a legião deu uma rápida meia-volta, formou uma nova frente de batalha e avançou com lanças à frente.

Dezenas de bárbaros foram espetados. Centenas sangraram até a morte em frente aos romanos. Os que restaram foram colocados no seu lugar por espadas curtas.

Na entrevista pós-batalha, o general Lúculo foi generoso.

"Eles tiveram o que mereciam. Os bárbaros deviam saber que nunca vão derrotar o poder de Lúculo e suas legiões!", disse.

Então, Lúculo Sortudo derrotou Mitrídates e anexou novos territórios a Roma. Mas o general não era apenas sortudo — ele havia treinado suas tropas para vencer com um cronograma puxado. Espártaco tinha que treinar todo dia, aprendendo a fazer:

Espártaco e seus gloriosos gladiadores

De pastor a soldado a escravo

Espártaco descobriu que as legiões romanas não venciam por serem mais bravas que o inimigo (não eram). Ganhavam porque tinham armas, disciplina e tática melhores. Comandantes romanos precisavam estar certos de que seus soldados responderiam a uma ordem mesmo no calor da batalha. Para garantir isso, os romanos usavam punições cruéis que mantinham suas tropas na linha, como receber comida estragada ou ser deixado para morrer. Crucificação era comum. Deserções também.

Faça como os romanos: Crucificação
Os romanos eram um pessoal com grande imaginação para matar. A crucificação era uma das suas técnicas de execução prediletas. Os antebraços da vítima eram pregados em uma tábua de madeira. A tábua era então suspensa sobre outra peça de madeira, presa ao chão. Pregavam-se os pés da vítima nessa peça. Apesar de perder sangue, as vítimas poderiam sobreviver dias a fio antes de morrer de sede ou sufocadas (cedo ou tarde a vítima ficaria fraca demais para respirar).

Espártaco e seus gloriosos gladiadores

Espártaco pode ter gostado do treinamento e das táticas, mas a vida de Auxiliar era dureza. Ao viver tão perto dos romanos, o trácio acabou descobrindo como eles podiam ser um povo brutal..

Campo de Lúculo: algum ponto da Ásia, 74 a.C.

É muito legal estar em treinamento e entrar em combate, mas esses romanos estão começando a me irritar. Não só porque ficam distribuindo punições imbecis (e comida terrível), mas também porque só ficam reclamando que a guerra não acaba e eles não recebem o que deviam. Para ganhar grana eles ficam assaltando aldeias, sequestrando pessoas e vendendo-as como escravos. Os caras usam escravos para tudo! Hoje eu estava conversando com um soldado que estava se achando porque a família dele tem 3 mil escravos. Eles trabalham nas terras, cozinham e até ajudam a família a se vestir! Começo a me perguntar se vale a pena lutar pelos romanos. O pior é que eles esperam que eu capture esses camponeses indefesos. Não me importo

De pastor a soldado a escravo

de lutar até a morte em combates gloriosos, mas encher o saco de mulheres e crianças é um pouco demais. Para mim, não é assim que um herói deveria se portar. Estou a quilômetros de casa e sinto saudades. Como será que andam as ovelhas sem mim?

É claro que Espártaco já sabia que os romanos capturavam escravos nas terras que invadiam, incluindo a Trácia. Mas esta foi provavelmente a primeira vez em que ele viu, com seus olhos, como os romanos não tinham escrúpulos ao capturar inocentes para os mercados de escravos. As pessoas eram arrebanhadas e acorrentadas juntas. Os comerciantes de escravos chegavam, enchiam uma carroça de gente e iam para os mercados. Isso deve ter chocado o jovem herói trácio.

Faça como os romanos: Escravos
Para a grande maioria dos escravos romanos, a vida era acachapante, brutal e curta. Eles podiam ser vendidos a qualquer momento, açoitados ou enviados para a morte quando seu mestre estivesse a fim. De vez em quando ganhavam liberdade. Se fizessem algo que agradasse muito seus mestres ou se tivessem sido servos fiéis por um longo período, o dono poderia libertá-los em seu testamento.

Espártaco e seus gloriosos gladiadores

Deixando o exército

Cansado de receber ordens, de comer mal e de arrebanhar escravos para os romanos, Espártaco decidiu desertar. Também é possível que Espártaco tenha desejado desertar para se casar — sabemos que em certo ponto da vida ele casou com uma "profetisa", uma mulher que dizia poder ver o futuro. Fugir não era uma decisão que um soldado romano tomava facilmente. Se descoberto, ele teria um destino terrível. Se tivesse sorte, seria vendido como escravo. Se não tivesse sorte...

Não se sabe quanto tempo Espártaco ficou foragido, mas parece que ele foi um dos "sortudos". Mais ou menos um ano depois, em 73 a.C., ele e sua mulher foram capturados e mandados para os mercados de escravos de Roma. Na noite anterior à sua venda eles ficaram em uma cela sob o mercado.

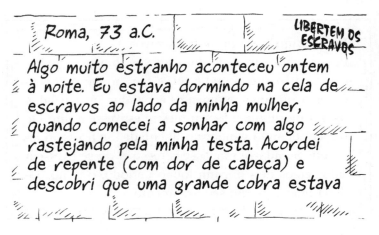

Roma, 73 a.C.

LIBERTEM OS ESCRAVOS

Algo muito estranho aconteceu ontem à noite. Eu estava dormindo na cela de escravos ao lado da minha mulher, quando comecei a sonhar com algo rastejando pela minha testa. Acordei de repente (com dor de cabeça) e descobri que uma grande cobra estava

De pastor a soldado a escravo

tentando espremer meu cérebro.
Minha mulher diz que isso é sinal de
que logo terei um tremendo poder,
mas que tudo terminará em tragédia.
Ela sempre me conforta — sempre
me lembrando o lado bom da vida...
Vou ser vendido no mercado hoje.
Tomara que eu vá para o mesmo lugar
que a minha mulher. Espero que não vire
um escravo do município. Os caras
trabalham até morrer construindo
estradas, pontes e templos. Como sinto
falta do ar fresco e de um rebanho
para cuidar — o que eu quero é uma vida
boa e tranquila pra mim e minha mulher.

ROMA FEDE!

A mulher de Espártaco estava certa sobre o marido — ele certamente não teria uma vida tranquila. Em breve seria poderoso, mas isso teria um preço...

Roma 73 a.C. | LIBERTEM OS ESCRAVOS (E SUAS MULHERES!)

Fui forçado a ficar à mostra
no mercado a manhã inteira. Eram
centenas de escravos, de todos os
lugares. As pessoas nos apertavam e
olhavam nossos dentes como se

ROMA FEDE! e você também!

Espártaco e seus gloriosos gladiadores

fôssemos gado. É só isso que somos para eles.

Na hora do almoço apareceu um romano rico. Ele pediu que eu levantasse uma cesta de pedras. (Consegui fácil.) Aí ele perguntou se eu tinha treinamento militar. Não respondi até que o vendedor me convenceu. (Esses chicotes me convencem fácil.)
"Sim, muito", rosnei com a minha voz mais grossa.
"Ah, excelente", ele respondeu. "Levarei ele, aquela mulher e dois gauleses."
"Ufa", pensei. "Pelo menos minha mulher vem comigo."
Mas as notícias não eram boas.
Imagine como você se sentiria quando o homem chegasse em você e dissesse:
"Alegria! Vocês vão todos para a escola de gladiadores..."

GLADIADORES GLORIOSOS E ARENAS ENSANGUENTADAS

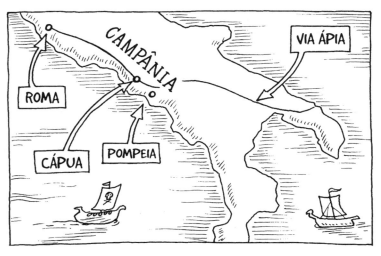

Espártaco, sua mulher e os outros escravos foram colocados em uma carroça com grades e sem nenhuma proteção do sol escaldante. Guardas armados escoltavam os capturados, prontos para matar em caso de tentativa de fuga. Às vezes o escravo poderia beber um pouco de água ou comer um pedaço de pão. Afinal de contas, não há por que comprar escravos para morrerem na arena e deixar que eles morram no caminho.

Espártaco e seus gloriosos gladiadores

O homem que comprou Espártaco foi Lêntulo Baciato, um rico *lanista* (dono e treinador de gladiadores) de Cápua. Ele era dono de uma escola de gladiadores, ou *Ludo*, que era mais ou menos assim:

Gladiadores gloriosos e arenas ensanguentadas

Espártaco e seus gloriosos gladiadores

Você tem que ter seu nome escrito no seu material escolar em caso de perda. Bem, no Ludo eles faziam a mesma coisa, mas as etiquetas eram permanentes. Espártaco e seus colegas escravos eram marcados com o nome de Baciato (um ferro em brasa com formato especial era pressionado contra a pele deles). Assim, se alguém fugia, quem encontrava sabia a quem devolver.

Após as "boas-vindas", Espártaco e os novos escravos foram levados aos alojamentos. Ao trancar seus gladiadores nos subterrâneos todas as noites, Baciato e sua equipe queriam evitar fugas, mas isso não impedia que Espártaco e seus colegas sonhassem...

— Ludo de Baciato, 73 a.C. —

"O primeiro dia foi terrível. São durões esses treinadores de gladiador. Para completar, minha mulher diz que o único jeito de sair daqui é morrendo na arena. Ela só fala essas coisas para me fazer feliz. Quando contei isso para

Gladiadores gloriosos e arenas ensanguentadas

Crixo — ele é o gaulês na cela ao lado — ele disse: "Ela está certa, Espártaco, mas a gente vai dar o fora daqui antes". Mas agora não dá. Os guardas estão na nossa cola. Crixo precisa aprender a ser paciente. Não vai dar certo fugir sem bolar um bom plano. Vou pensar nisso até amanhã e ver o que rola...

A ESCOLA É UMA DROGA!

Escola de gladiador

Na época em que Espártaco foi vendido a Baciato, a arena tinha virado uma grande atração da vida romana. Romanos ricos que queriam ser políticos pagavam muito para montar grandes espetáculos. Se eles dessem aos pobres a chance de assistir a uns jogos sanguinolentos, ganhariam votos. Os romanos que queriam os melhores gladiadores iam até Cápua. Com apenas alguns meses de treino o valor de um escravo como Espártaco era multiplicado várias vezes em relação ao que Baciato havia pago.

Gladiador sem dor?

Os gladiadores eram chamados primeiramente de *bustuarii* — homens do funeral. Os romanos faziam dois escravos ou criminosos lutarem um contra o outro nos funerais até que um deles caísse duro no chão. O perdedor era sacrificado. Depois, para as coisas ficarem

---

Espártaco e seus gloriosos gladiadores

> mais divertidas, os lutadores começaram a ser treinados nas escolas e ficaram conhecidos como gladiadores. O pessoal gostava tanto das lutas que começou a usar qualquer desculpa para ver os gladiadores se matando: casamentos, aniversários, dias úteis, segundas-feiras, terças-feiras, quartas-feiras...

Milhares se aboletavam para ver gladiadores destroçarem uns aos outros na arena e os fãs acompanhavam os jogos como se fosse um domingão de futebol. Mas em vez de vencer, perder ou empatar, a arena tinha um sistema mais sinistro de pontuação:

Alguns gladiadores venciam tanto que se tornavam famosos e eram adorados pelos fãs. Se vencessem várias lutas, podiam até virar pessoas livres. Mas vencer não era fácil e o treinamento era osso duro. Na escola de Baciato, Espártaco provavelmente teve um cronograma de treinamento rígido. O dia romano era dividido em doze segmentos iguais entre o nascer e o pôr do sol, e as sessões de treinamento eram divididas da mesma forma. O cronograma da escola de Espártaco deve ter sido mais ou menos assim:

Gladiadores gloriosos e arenas ensanguentadas

ESCOLA BACIATO DE EXCELÊNCIA GLADIATÓRIA
~

Nome: **Espártaco da Trácia**

(horas após o nascer do sol)

Hora	Aula	Anotações
I (madrugar)	Exercícios gerais. Correr, levantar peso, alongamento. (Suspiro)	Correr dando voltas na pista é chato. Sabe, se eles deixassem a gente correr lá fora seríamos bem mais rápidos... fugindo.
II	Leve café da manhã. Eca!	Cevada. Minha mulher trabalha na cozinha, vou ver se ela me arruma umas frutas.
III	Treino com espada e lança. Como usar a espada para cortar, investir e bloquear.	Como nos velhos tempos, no exército de Lúculo...
IV	Almoço	Parece que cevada ajuda a fazer músculo (gladiador fracote não tá com nada). Deve ser por

33

Espártaco e seus gloriosos gladiadores

Hora	Aula	Anotações
		isso que chamam eles de "homens-cevada"...
V	Etiqueta na arena. Como matar e morrer na arena.	Se esses romanos querem mesmo ver morte, deviam se alistar nas legiões. Assim, pelo menos, a gente não teria que se matar para eles.
VI VII	Técnicas de combate (aula dupla)	Pratiquei outra batalha histórica para divertir o público romano. Depois caçamos e brigamos com bichos: ursos, lobos e leopardos — é pior que lá em casa!
VIII	Exercícios gerais.	Chega disso! Tá tudo doendo. (Mas como a gente já está em forma, às vezes dá pra fugir dessa.)

Gladiadores gloriosos e arenas ensanguentadas

Hora	Aula	Anotações
IX	Jantar *Vomita*	Cevada de novo — acho que vou vomitar.
X	Treino de espada e lanças.	Eu e Crixo somos os melhores da turma. Os treinadores têm sorte da gente só usar espadas de madeira... Se a gente pegar as de verdade, eles vão ter que se cuidar.
XI *Que chá delicioso*	Comportamento na arena *Super!*	Para que todo esse falatório sobre boas maneiras e regras? É uma luta até a morte, não chá das cinco!
XII *Suspiro*	Massagem, banho e aparência	Tá falando sério? Parece que os fãs gostam de gladiadores bonitos matando (e morrendo) na arena. Mas tudo bem, vou aproveitar...

Glória sangrenta

Nas aulas sobre comportamento na arena, Espártaco teria aprendido as quatro virtudes do gladiador:

Os nobres cidadãos de Roma davam grande valor a essas virtudes. Se escravos e criminosos como Espártaco podiam viver por elas, então eles também poderiam. Aliás, alguns romanos eram até voluntários para lutar na arena. Eles tinham que fazer um juramento:

Gladiadores gloriosos e arenas ensanguentadas

Até agora, Espártaco havia sido queimado pelo fogo (marcado a ferro), acorrentado e açoitado por chicotes. Ele não tinha pressa de ser morto pela espada. Mas diferente dos romanos voluntários, Espártaco e seus colegas não tinham escolha. Eles estavam na Escola Baciato para aprender, e se não aprendessem, morriam (na verdade, mesmo se aprendessem também morriam).

Assim como as quatro virtudes, Espártaco tinha que aprender as regras da arena:

Espártaco e seus gloriosos gladiadores

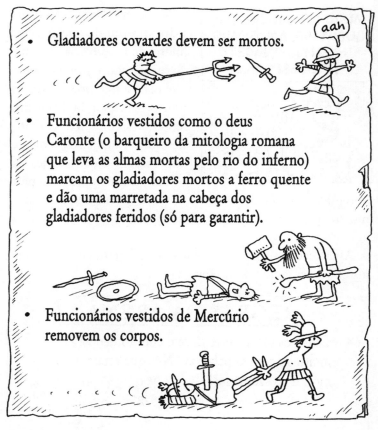

- Gladiadores covardes devem ser mortos.
- Funcionários vestidos como o deus Caronte (o barqueiro da mitologia romana que leva as almas mortas pelo rio do inferno) marcam os gladiadores mortos a ferro quente e dão uma marretada na cabeça dos gladiadores feridos (só para garantir).
- Funcionários vestidos de Mercúrio removem os corpos.

Os jogos gladiatórios não só entretinham os romanos, eles também eram considerados educativos (agradeça aos céus que hoje em dia "educativo" signifique um pouco chato, em vez de muito sangrento!). Na Antiguidade, todo mundo precisava estar pronto para lutar. Alguns líderes romanos receavam que as pessoas comuns não conseguiriam se sair bem se tivessem de ir à guerra. Afinal de contas, guerra é uma coisa hedionda. O sangue e a carnificina reviram o estômago e transformam os melhores soldados em covardes. Da se-

Gladiadores gloriosos e arenas ensanguentadas

gurança de seus assentos na arena, os romanos eram preparados para o terror que poderiam encontrar nos campos de batalha. Os lutadores recebiam nomes de pessoas que haviam lutado (e perdido) contra os romanos (entre eles os trácios). Os gladiadores, com seus próprios estilos de luta e de armas, preparavam a multidão para as pessoas diferentes que poderiam encontrar nas batalhas.

Na escola de gladiadores, Espártaco teria aprendido diversos estilos de luta. Ele provavelmente fez anotações dos principais estilos no seu caderno...

COMO LUTAR:

Samnita
Armadura pesada protege o lado esquerdo; espada para investidas; escudo grande. Protegido pela armadura, invista contra o inimigo.

Essa armadura no calor é um pesadelo. Que bom que estou em forma!

Trácio
Elmo, armadura leve para proteger ombros, antebraços e pernas. Use uma cimitarra e um pequeno escudo. Seja veloz e ágil, faça voltas em torno do oponente, encontre sua fraqueza e mate-o.

Minha favorita, de longe — é quase como voltar para a Trácia.

Espártaco e seus gloriosos gladiadores

Reciário
Rede e tridente (uma lança com três pontas). Sem armadura, fora uma placa de metal que protege o ombro e o braço que segura o tridente.
Use o tridente para bloquear ataques, use a rede para capturar o rival e aí enfie o tridente nele.

Isso aqui é bom pra pescar, não para lutar.

Andabatae
Gladiadores montados. Armadura pesada de cota de malha e elmo pesado sem abertura para os olhos.
Usando a cabeça, invista contra o oponente de frente.

Mmm... acho que é só isso. Gosto do cavalo, mas lutar cego? Que esquisito!

Embora o treinamento fosse pesado, Espártaco e os outros gladiadores eram relativamente bem tratados. Médicos os atendiam quando se machucavam no treinamento. (A não ser que eles ficassem tão feridos a ponto de morrer. Aí os médicos faziam eles morrerem rápido.) Além de cuidados médicos, os gladiadores recebiam massagens. Afinal, os treinadores tinham que garantir que eles continuariam flexíveis depois de um dia de exercícios.

Gladiadores gloriosos e arenas ensanguentadas

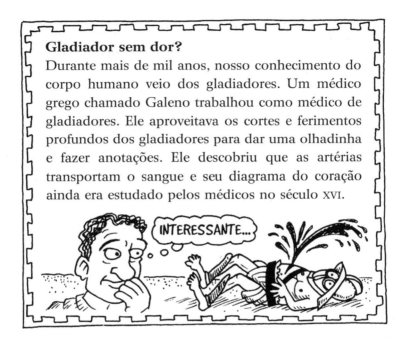

Gladiador sem dor?
Durante mais de mil anos, nosso conhecimento do corpo humano veio dos gladiadores. Um médico grego chamado Galeno trabalhou como médico de gladiadores. Ele aproveitava os cortes e ferimentos profundos dos gladiadores para dar uma olhadinha e fazer anotações. Ele descobriu que as artérias transportam o sangue e seu diagrama do coração ainda era estudado pelos médicos no século XVI.

Enfrentando amigos

Quanto mais tempo Espártaco passava na escola de Baciato, mais ele fazia amigos. Não era uma coisa fácil. Os gladiadores tinham ordens expressas de não conversar (embora gritar palavrões na arena fosse estimulado). Durante as refeições os guardas impediam qualquer conversa "desnecessária". Quando tinham liberdade para falar, os gladiadores geralmente falavam idiomas diferentes. E passavam o dia aprendendo a lutar e a matar o outro. Definitivamente não era o melhor ambiente para se fazer amizades.

Apesar de tudo, Espártaco fez bons amigos na escola de Baciato. No fim do treinamento, Espártaco e seus chapas começaram a se sentir gladiadores de verdade: prontos para encarar o mundo juntos.

Espártaco e seus gloriosos gladiadores

Gladiadores gloriosos e arenas ensanguentadas

Mas para Espártaco e seus colegas de profissão não havia como fugir da realidade. Eles estavam literalmente sendo engordados para o abate...

Ludo de Baciato, 73 a.C.

O.k., tudo anda muito interessante, e eu gosto de ficar em forma, dos treinos com armas e das massagens (mas a comida é uma droga). Mas não sou chegado nessa ideia de matar para um bando de "fãs" romanos... e não estou a fim de morrer por eles! Prefiro massacrar romanos em vez dos meus colegas gladiadores. E se eu tiver que lutar com um dos meus amigos? Crixo disse para eu não me preocupar, ele me garante uma morte rápida (vai sonhando! Eu sou melhor que ele na espada). Queria que nós todos saíssemos vivos dessa. Tenho que dar um jeito da gente sair daqui...

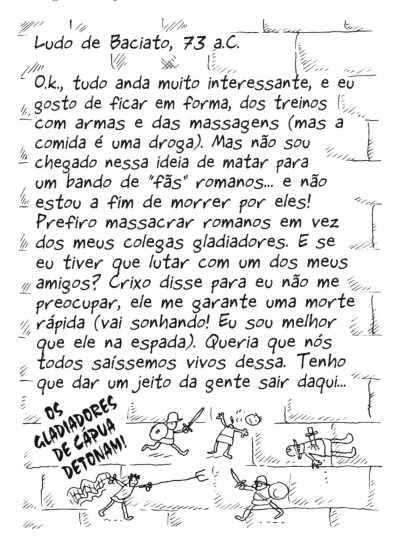

OS GLADIADORES DE CÁPUA DETONAM!

A GRANDE FUGA NO CAFÉ DA MANHÃ

Depois de meses de treinamento e treinamento e mais treinamento, os novos recrutas de Baciato estavam prontos para a arena. Crixo, Casto, Ganico, Enomau e Espártaco foram colocados de novo na carroça com grades. É claro que Baciato levou seus gladiadores para uma das arenas próximas a Cápua. Entre as mais próximas, e melhores, estava a de Pompeia.

Ao lado do Monte Vesúvio (na época um vulcão dormente), Pompeia tinha um dos anfiteatros mais modernos da Itália (o Maracanã da Antiguidade). Era grande o suficiente para acomodar 12 mil espectadores sedentos de sangue (metade da população da cidade) e tinha menos de dez anos.

A grande fuga no café da manhã

Não tinha nada que o povo de Pompeia gostasse mais do que um bom espetáculo de gladiadores. Especialmente quando vinham seus rivais de Cápua...

Arena de Pompeia, 73 a.C.

Então é isso. Vamos lutar — e dessa vez é pra valer. Bom, pelo menos vamos lutar como equipe, não um contra o outro. Crixo e eu convencemos os outros a ficar juntos e fazer o que nós mandarmos... Com a minha experiência militar e a fúria de Crixo acho que damos conta da equipe de Pompeia. Estou bem nervoso, não é como lutar numa grande batalha. Na guerra, pelo menos não fica ninguém assistindo. Conversei com a minha mulher antes de sair da escola de Baciato. Ela estava alegre como sempre, dizendo "O único jeito de deixar a arena de vez é morrer, Espártaco". Bom, nós vamos sobreviver e descobrir outro jeito, não interessa o que ela diz!

Abaixo VIVA POMPEIA!

Os gladiadores de Cápua não eram famosos à toa — as escolas de lá eram as melhores da Itália. Espártaco e seus amigos eram agora máquinas de matar por excelência. Com tanta bravura e habilidade, Espártaco tinha motivo para estar confiante.

Espártaco e seus gloriosos gladiadores

O Gládio Diário

CABEÇAS ROLAM!

Resultado final: Pompeia: 19 Mortos, 1 Vitória, 0 Feridos
Cápua: 1 Morto, 17 Vitórias, 2 Feridos
Melhor Gladiador: Espártaco, Cápua

A liderança de Cápua na LGC (Liga de Gladiadores da Campânia) continuou ontem com um embate devastador. Mesmo com um anfiteatro novo, Pompeia foi escorraçada pela manha dos gladiadores de Cápua.

Doze mil plebeus de Pompeia encheram o estádio para apoiar seus irmãos guerreiros. Mas não era a vez deles. Os homens de Baciato estavam demais. De saída, já dominaram a partida. As cabeças pompeanas caíam. Literalmente. Os homens de Cápua deram uma aula de espada e lança de dar vergonha nos melhores legionários. A plateia de Pompeia, sempre pronta para reconhecer qualidade técnica, aclamou os lutadores.

Dois deles merecem destaque: um trácio chamado Espártaco e um gaulês chamado Crixo. Em certo momento, cinco lutadores de Pompeia cercaram os oponentes. A coisa ficou preta para os garotos de Baciato. Mas Espártaco fez uma jogada esperta e capturou o cavalo de um dos adversários. Enquanto Crixo se-

A grande fuga no café da manhã

gurava os outros quatro, Espártaco correu com o cavalo e massacrou os inimigos pelas costas.

Se continuarem assim, os garotos de Baciato podem chegar até Roma, ou além. Eles demonstraram todas as virtudes já esperadas da Escola Baciato. Despachar Pompeia quase sem suar e continuar lutando apesar dos ferimentos é apenas uma amostra do que os heróis podem fazer. Agora que está no topo, falta pouco para que Baciato encontre seu caminho até Roma e à glória!

A LGC TEM PATROCÍNIO DE MARTE
(DEUS ROMANO DA GUERRA)

REZE PARA MARTE TODO DIA. EM TROCA: TRABALHO, MATANÇA E ALEGRIA.

Depois da contenda, a plateia jogou flores e vinho nos vencedores (leia-se: sobreviventes). Foram tratados como heróis. Baciato estava certo de que eles iriam fazer bonito em Roma.

Espártaco e seus gloriosos gladiadores

Mas Espártaco e seus amigos sabiam que essa glória duraria pouco. Vencer um combate significava mais combates, mais combates significavam mais matança, mais matança significava mais glória, o que levaria a mais combates. Você captou a mensagem. Cada vez que um gladiador botava o pé na arena era grande a chance de ele não voltar.

Gladiador sem dor?

Alguns escravos faziam de tudo para não lutar na arena. Um escritor romano diz que um escravo germânico matou-se antes de uma luta. Os romanos usavam pedaços de pau com uma esponja na ponta para se limpar no banheiro. O pobre escravo enfiou um pela garganta e sufocou-se. Outros escravos matavam-se enfiando as cabeças entre as rodas da carroça que os transportava.

A escolha de Espártaco era fácil. Ou morria na arena lutando contra escravos ou fora dela lutando contra romanos. E Espártaco não era de morrer sem lutar...

Ludo de Baciato, 73 a.C.

Conversei com a minha mulher e ela disse que algo de ruim estava para acontecer (de novo!). Ela costuma dizer isso quando a cevada queima. Mas depois conversei com Crixo. Ele ouviu Baciato acertando um negócio com um mandachuva de Roma.

A grande fuga no café da manhã

Vamos ser vendidos para um espetáculo na cidade, interpretando as forças de Cartago que foram massacradas pelos romanos. Nós somos os que morrem, óbvio. Baciato nos vendeu e pode comprar outro lote de escravos com o lucro.

- Crixo disse que temos que fugir depois de amanhã. "Não tem como fugir em Roma, Espártaco, a gente mal ia sair da cidade antes de nos pegarem. Temos que dar um jeito agora!" Dessa vez concordei com ele. Tenho um plano e os outros gladiadores me apoiam — eles concordam que é melhor tentar a sorte na estrada do que na arena romana. Temos mais chance se formos todos ao mesmo tempo. Os guardas não esperam uma fuga em massa.

Vou mandar um bilhete para minha mulher, na cozinha. Ela vai ajudar. Diz que os escravos de lá também querem fugir. Desde os jogos em Pompeia, Baciato deixa a gente comer sem as correntes. Ele acha que estamos prontos para morrer por ele em Roma. Mas vamos fazer uma pequena "surpresa gladiatória" para ele..

Espártaco e seus gloriosos gladiadores

No fim das contas, duzentos gladiadores toparam o plano de Espártaco. Tudo estava pronto para...

A grande fuga

A grande fuga no café da manhã

> AO DEIXAR OS PORTÕES DA ESCOLA, OS GLADIADORES COMEÇARAM A CORRER PARA O CAMPO. MAS O TREINAMENTO MILITAR DE ESPÁRTACO DIZIA QUE ELE TERIA MAIS CHANCES DE DERROTAR OS CAPTORES SE FICASSE NOS ARREDORES. ESPERANDO UM BANDO DE ESCRAVOS MALTRAPILHOS, OS SOLDADOS DE BACIATO NEM FIZERAM FORMAÇÃO DE COMBATE. MAS OS GLADIADORES ERAM EXPERIENTES E LUTAVAM PELA PRÓPRIA LIBERDADE.

> NÃO ERA PARA ELES FUGIREM DA GENTE?

Os romanos tinham espadas, escudos e lanças, e os gladiadores tinham panelas e talheres. Mesmo desfalcados, os gladiadores deram uma surra nos romanos. (A primeira de muitas.)

A vitória teve seu preço. Dos duzentos que deviam ter escapado, apenas setenta gladiadores e um punhado de escravos conseguiram sair vivos. Mas eles foram contra todas as expectativas. Nunca tantos gladiadores haviam fugido da escola de uma só vez.

Espártaco e seus gloriosos gladiadores

Do destacamento derrotado, Espártaco e seus homens pegaram as armaduras, lanças e espadas. Antes de ir embora, os gladiadores botaram fogo na escola de Baciato. Para eles, seus dias de treinamento haviam terminado.

Ainda em frente à escola de Baciato, vendo as chamas consumirem tudo, os gladiadores se perguntaram para onde iriam agora. Nesse momento, Baciato estaria falando do levante para os romanos. Se ficassem esperando, é certo que seriam caçados por uma guarnição romana bem armada. Afinal de contas, eles eram apenas setenta homens treinados e uns escravos, o que fariam contra o poder de Roma? Enquanto discutiam a situação, uma voz sobrepôs-se às outras.

"Camaradas: acho que tenho um plano..."

A GLADICRATERA

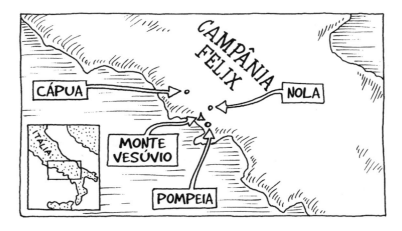

Espártaco sabia que os romanos logo mandariam alguém caçá-los. Eles não eram só escravos fugitivos, eles tinham derrotado um destacamento de soldados romanos *e* destruído a escola de Lêntulo Baciato. Como se não fosse o suficiente, eles teriam que assaltar as casas de romanos ricos para conseguir comida e bebida. Os romanos não gostavam de escravos fugitivos e gostavam ainda menos de ladrões. É claro que eles não perderam tempo ao receber as notícias de Cápua...

Espártaco e seus gloriosos gladiadores

A Legião
ROMA VAI ANIQUILAR REBELIÃO DE ESCRAVOS
"MATAR GLADIADOR É COMIGO", DIZ CLÁUDIO GLABER

Roma vai tomar atitudes drásticas contra um grupo de gladiadores rebeldes em Cápua. O magistrado em ascensão Cláudio Glaber, 39, foi designado para recrutar 3 mil homens que irão caçar os escravos rebeldes. O Senado deu um fasces a Glaber. O antigo símbolo do poder lançará medo sobre o coração de todos que o avistarem.

O arrojado magistrado contou a este repórter que não havia dúvidas de que a campanha seria breve e bem-sucedida. "O poder arrasador de Roma logo dará fim a este levante", disse. "Vamos caçá-los como os cães que são e acabar com essas ideias de liberdade. Vou crucificar os setenta gladiadores para servirem de exemplo a todos os escravos de Roma. Como gladiadores podem ser livres? Na morte. Se não quiserem vir morrer na arena, va-

mos levar a arena até eles. Lamento apenas que eu e minhas tropas não lutaremos contra oponentes de valor; é muito chato matar escravos."

Todos os olhos sobre Baciato
Depois que os gladiadores forem caçados e aniquilados, Baciato passará por um inquérito sobre a fuga. O Senado já tem levantado vários questionamentos sobre segurança com relação aos gladiadores.

Como Roma funciona
O Senado: seiscentos homens da nobreza romana escolhidos pelos censores para ajudar a governar Roma. Decidem questões legais, religiosas e morais. São os melhores de todos.

A gladicratera

> **Faça como os romanos:** O fasces
> A cidade de Roma não se tornou a capital do mundo sem infligir punições. Tinha até seu próprio símbolo de poder: o fasces. Quem levava o fasces à frente tinha o direito de fazer valer a pena de morte (representada pelo machado) ou pelo menos de dar uma bela surra (representada pelas varas). Dois mil anos depois, um bando de italianos pegou a palavra emprestada para se tornarem os malucos fascistas.

Enquanto isso, em frente aos portões da escola incendiada de Baciato, Espártaco montava seu próximo plano. Ele sabia que, para o bando sobreviver, precisaria de mais que setenta gladiadores e um punhado de escravos da cozinha da escola. Cem escravos contra o poder de Roma? Melhor poupar o serviço dos soldados e pregar-se sozinho na cruz. Eles precisavam de um esconderijo. Um lugar que os romanos não atacariam facilmente. Quando estava a caminho de Pompeia, Espártaco havia visto o lugar ideal...

Espártaco e seus gloriosos gladiadores

Escravos e gladiadores gostaram do plano. Além disso, Espártaco era quem havia planejado a fuga. Por que não segui-lo? Mantendo-se longe da estrada, o bando marchou trinta milhas ao sul de Cápua até a terra fértil próxima a Pompeia.

Pompeia ficava numa região da Itália conhecida como *Campânia Félix* ou "campo feliz". Mas para os romanos ricos que passaram as férias lá em 73 a.C. o lugar não teve nada de "feliz" e suas férias não foram nem um pouco relaxantes. Em vez disso, o campo estava cheio de histórias de furtos e assaltos. As *villas* eram vandalizadas, o gado roubado e os ricos assaltados. Os ladrões não tinham piedade. Matavam romanos, libertavam escravos e então sumiam, desaparecendo pelo campo como chuva de verão.

A gladicratera

Cartazes oferecendo recompensa a quem devolvesse os escravos fugitivos estavam em todas as paredes. E neles aparecia um novo e aterrorizante nome...

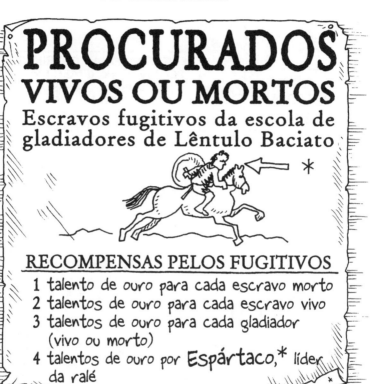

Pela primeira vez, os ricos romanos viam bem de perto a habilidade dos gladiadores. Nos aposentos de escravos de toda a Campânia, Espártaco e os gladiadores eram heróis maiores do que poderiam ser na arena. Se encontrassem um mestre que tivesse sido terrível com seus escravos, os gladiadores eram terríveis com ele. Afinal, eles eram gladiadores; eles sabiam matar com estilo.

Espártaco e seus gloriosos gladiadores

Por dentro da gladicratera

Como Espártaco sugerira, os gladiadores acamparam na cratera no topo do Vesúvio. Embora não tivessem água, era o esconderijo perfeito.

A gladicratera

Espártaco e seus gloriosos gladiadores

Espártaco deu um jeito para que a pilhagem fosse dividida igualmente entre os escravos. Eles tinham comida e bebida suficiente e um bom número de novos recrutas prontos para roubar. A vida era boa na gladicratera. A maioria dos gladiadores estava feliz e queria que as coisas continuassem assim. Mas Espártaco não tinha tanta certeza...

Vesúvio, 73 a.C.

Todo mundo concorda que foi uma boa ideia acampar aqui. Todos estão aproveitando as conveniências locais. Minha mulher diz que isso não vai durar muito e eu concordo. Uma hora os romanos vão nos encontrar. Toda vez que tento conversar sobre o que vamos fazer todo mundo só quer saber qual é a próxima villa a atacar. Minha mulher diz que todos estão bêbados de liberdade (eu acho que é de vinho).

Quando os romanos nos acharem eles vão estar irritadaços. Sempre que assaltamos uma casa os escravos querem se juntar a nós. Não posso culpá-los. Se ficarem lá, Glaber vai acusá-los de cumplicidade com a

A gladicratera

gente. Aí vai ser prego na cruz. Mesmo quando dizemos que não, eles se juntam a nós e tentam entrar no acampamento. Quanto mais gente tiver, mais difícil vai ser de escapar. Já tem brigas estourando aqui e ali. Crixo só ri (ele adora uma pancadaria!) e diz "Gladiadores são gladiadores, Espártaco". Mas estou preocupado. Se não conseguimos nos unir quando somos centenas, que chance teremos quando o número aumentar? Precisamos de outro plano. Que faça todos pararem de criar confusão.

Espártaco agora tinha que lidar com bem mais gente do que os cento e poucos que haviam fugido da escola de Baciato. O acampamento duplicou de tamanho em semanas, depois triplicou. Os gauleses, os trácios, os germânicos, os espanhóis, os gregos, os africanos tinham cada um sua área. Eles se juntavam em torno das fogueiras, cantavam canções de sua terra e adoravam seus próprios deuses. As discussões entre as diferentes nacionalidades eram sempre acaloradas. Os gladiadores tentavam impedir brigas distribuindo a pilhagem igualmente, mas não era fácil.

Logo, todo mundo percebeu que precisava de um líder para lidar com todos os problemas. Convocou-se uma grande reunião para todos se expressarem. Óbvio que os gladiadores eram os candidatos mais prováveis (eles eram os

Espártaco e seus gloriosos gladiadores

líderes da fuga original, afinal de contas, e, por acaso, também os melhores lutadores). Mas qual seria escolhido?

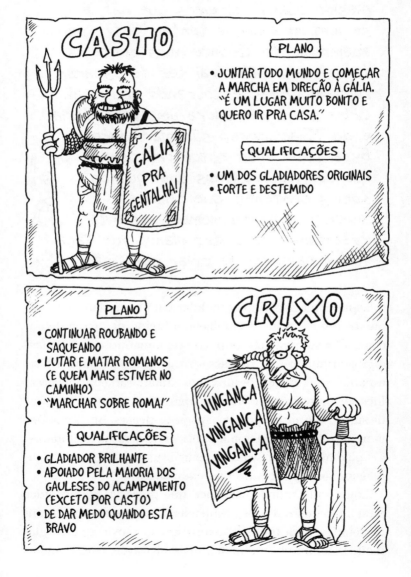

A gladicratera

Os trácios do acampamento e os escravos que haviam se unido ao grupo desde Cápua votaram em Espártaco em maioria arrasadora. Alguns gauleses também votaram nele, mas a maioria em Crixo. Para não acontecer uma cisão no acampamento, decidiu-se que Espártaco seria nomeado líder com Crixo, Casto e Enomau como tenentes. Crixo não ficou muito feliz, mas a decisão estava tomada.

Agora os escravos podiam se preocupar com coisas mais importantes...

A Fuga do Vesúvio

Cláudio Glaber recrutou 3 mil homens e finalmente dirigia-se a Campânia. Depois de tentar (e não conseguir) capturar os escravos rebeldes em campo aberto, Glaber enfim descobriu seu esconderijo no Vesúvio. Tomado pela segu-

Espártaco e seus gloriosos gladiadores

rança e orgulho romanos, Glaber primeiro mandou suas tropas tomarem o acampamento. (Claro, ele ficou no sopé da montanha, dando a maior força; afinal, romanos importantes como ele não podem envolver-se em coisas perigosas como lutar contra escravos. É para isso que servem os soldados.) Mas o orgulho de Glaber foi exagerado...

Os romanos que conseguiam chegar no topo estavam cansados e não eram páreo para os gladiadores na entrada da cratera. Depois de um dia tentando entrar no acampamento escravo, Glaber desistiu. Seus homens eram em sua maioria velhos soldados e fazendeiros. Eles haviam se alistado para caçar um bando de escravos e tirar uma grana a mais. Não para morrer. Depois de se jogar contra a cratera bem protegida eles ficaram totalmente frustrados.

Em vez de usar a força, Glaber decidiu tomar a cratera usando outra tática. Ele os mataria de fome. Glaber mandou seus homens montarem acampamento bem no caminho de subida, longe o bastante para não serem atingidos pelas pedras e rochas que os escravos jogavam.

A gladicratera

Tortura molhada

No acampamento escravo, a situação ficou desesperadora. Eles tinham comida suficiente. O problema era a água. Sem água, eles só iriam durar poucos dias. Sob o sol quente e sobre a cratera seca do vulcão, a sede deve ter sido terrível.

Para alguns escravos, foi demais. Uns poucos deixaram o acampamento sorrateiramente e correram até os romanos implorando perdão e água. Os romanos davam um golinho antes de cortar suas gargantas. Glaber considerava estes escravos a prova de que logo esmagaria o levante. Sentado na sua tenda à noite, ele comia, bebia e pensava na glória que lhe seria concedida ao retornar a Roma.

Espártaco e seus gloriosos gladiadores

Vulcão em erupção

Enquanto Glaber se gabava, os gladiadores se reuniam. Eles não podiam ficar presos na cratera para sempre. Pegava mal para eles e Espártaco não ia deixar que um bando de soldados de última classe o derrotasse tão fácil.

Ele rapidamente se reuniu com seus tenentes e explicou o plano para fugir.

A gladicratera

Espártaco e seus gloriosos gladiadores

Cláudio Glaber não tinha montado acampamento como devia. Já que os romanos estavam confiantes de que os escravos não atacariam, não viram necessidade de cavar trincheiras e fazer a muralha de sempre. Tudo bem enquanto Espártaco estava engaiolado na cratera, mas quando os escravos atacaram foi um salve-se quem puder.

Os oficiais romanos tentaram unir seus homens, mas não sabiam onde eles estavam. Logo só obedeciam uma ordem...

O acampamento romano foi derrubado em questão de minutos pelos seguidores de Espártaco. Depois de posicionar sentinelas no perímetro, Espártaco e seus comandantes reuniram-se no centro. Não se encontrava Cláudio Glaber (ele correu de volta para Roma o mais rápido que pôde). Então a gangue de Espártaco começou a usar o acampamento. Comeram a comida romana, beberam a água romana e dormiram nas tendas romanas dos homens que o Império havia enviado para matá-los.

Espártaco provavelmente pegou a tenda de Glaber.

> Vesúvio, tenda de Glaber, 73 a.C.
>
> Todo mundo está de boa depois da batalha desta manhã. Crixo e os outros caras dizem que não tinham uma luta tão divertida desde

A gladicratera

a nossa fuga no café da manhã.
Toda vez que enfio minha cabeça
para fora da tenda, eles gritam
"Ave, Espártaco! O Cara dos Planos!".
Adoro quando um plano dá certo!
Nosso novo acampamento é
excelente. Bem melhor que o antigo.
Ele não só tem água, comida
e a última tecnologia em
tendas, mas os romanos
também foram muito
gentis em deixar armas
e armaduras. Até achei
um papel bom para escrever
meu diário. Não preciso mais
escrever no chão! E não foi só
isso. Glaber saiu tão apressado que
deixou seu fasces. Estava jogado no
barro. Acho que vou guardar para
usar depois. Talvez a gente leve à
frente quando começar a marchar.
O símbolo de poder deles nas mãos
do homem que deveriam ter matado?
Não vão gostar disso em Roma!

OS TRÊS RUFIÕES

Quando Glaber fugiu dos gladiadores, não foi só o fasces que deixou para trás. Seus soldados também ficaram. A maioria deles agora estava na cova, mas dezenas haviam sobrevivido e foram feitos prisioneiros. Glaber havia trazido correntes e chicotes para usar contra os rebeldes. Os escravos usavam esses apetrechos contra os prisioneiros romanos, fazendo eles limparem a bagunça depois da batalha.

Os três rufiões

Os escravos riam e tiravam sarro enquanto faziam os romanos trabalharem sob o sol escaldante. Eles, que tinham sido forçados a trabalhar com correntes nos pés, agora eram os guardas. Há poucos dias eles estavam morrendo de fome e de sede, agora estavam entupidos de comida e de vinho. Devem ter achado tudo muito engraçado.

De volta a Roma, Cláudio Glaber não estava sorrindo...

A Legião

A DERROTA CHOCANTE DE GLABER IMBECILER

Cláudio Glaber retornou a Roma em desgraça. Rapidamente espalhou-se a notícia de que ele havia sido derrotado por uma ralé de escravos aos pés do Monte Vesúvio. A maioria de seus 3 mil soldados está desaparecida e provavelmente morta.

Enquanto Glaber dirigia-se ao Senado para fazer seu relato, vestido somente com sua camisola, cidadãos aglomeravam-se nas ruas para insultá-lo. "Esse aí não pega nem gripe, quanto mais escravo", disse um homem. "Vamos chamá-lo de Glaber Imbeciler de agora em diante", disse outro.

"Eu quase morri."

Os senadores também receberam Glaber de forma ríspida. Ele contou que havia sido abandonado pelos soldados e lutou sozinho por horas antes de fazer uma retirada estratégica. Um senador então perguntou por que outros sobreviventes relatavam que Glaber havia saído de cena na primeira oportunidade. "Estão enganados", disse Glaber. "Lutei como qualquer homem faria." "De camisola?", questionou o senador. Depois que os outros senadores pararam de rir, Glaber respondeu: "Não é engraçado. Eu quase morri".

O Senado demitiu Glaber e enviou outro magistrado, Varínio, contra os escravos. Os senadores, irados com a incompetência de Glaber, também enviaram os conhecidos magistrados Fúrio e Cossino, com 2 mil homens cada um. Eles juraram que iriam reaver o fasces e fariam os escravos pagar por terem humilhado o poder de Roma.

O problema dos prisioneiros

Depois que os prisioneiros romanos acabaram de limpar o acampamento, escravos e gladiadores discutiram o que fazer com eles. Espártaco, Crixo e Casto tinham ideias divergentes...

Alguns escravos concordavam com Crixo. Afinal, esses homens haviam se aliado a Glaber para caçá-los e matá-los. Por que não se vingar, ou pelo menos seguir o conselho de Casto? Mas Espártaco pensava a longo prazo. Se matassem os homens de Glaber, os romanos poderiam recrutar mais gente querendo vingança. Se deixassem os soldados ir, se-

Os três rufiões

ria uma demonstração de que os escravos eram mais civilizados que os romanos. O inverno estava chegando e Espártaco sabia que seu bando dependeria das cidades próximas para se alimentar.

Muitos apoiavam Crixo e Casto. Mas desde a derrota das tropas de Glaber, Espártaco tinha alcançado altos níveis de popularidade no acampamento. Sua ideia de um ataque sorrateiro aos soldados foi vista como uma obra-prima militar. E não apenas por seus seguidores. Com notícias se espalhando sobre o destemido gladiador Espártaco, que derrotou um exército romano, mais e mais gente vinha juntar-se ao levante.

Acampamento de Glaber, 73 a.C.

Crixo e Casto estão de cara amarrada. Dizem que os prisioneiros romanos não merecem confiança e que vão nos trair assim que tiverem chance. Eu acho que não. Esses soldados não são como os ricos donos de escravos. Eles estão quase no mesmo nível dos escravos. Além disso, se nos traírem..., bem, sabemos uma ou duas coisas a respeito de castigos. Faremos todos dizerem um juramento de lealdade sobre o fasces. Se quebrarem o juramento serão açoitados com as varas e mortos

> pelo machado. Crixo e Casto dizem que não é justo que tudo tenha que ser do meu jeito. Minha mulher diz que eles são invejosos. Ela diz que eu tenho que arranjar alguma coisa para eles fazerem antes que se tornem um problema. Bom, vamos precisar de mais comida e provisões, então vou mandar buscarem comida. Isso deve mantê-los ocupados...

As férias de Crixo na Campânia

Não demorou muito para a gangue de escravos comer todas as provisões de Glaber. Os romanos haviam estocado comida suficiente para alimentar um exército de 3 mil homens por semanas, o que teria sido mais do que suficiente para os cem escravos que haviam fugido de Cápua. Mas os rebeldes agora eram agora quase 6 mil. Então Crixo, Casto e Enomau foram buscar comida para todo mundo.

Nos dias anteriores à vitória sobre Glaber, os escravos viviam do que conseguiam pegar nas *villas* e fazendas ao re-

Os três rufiões

dor do Vesúvio. Agora que eram milhares, podiam ter alvos maiores...

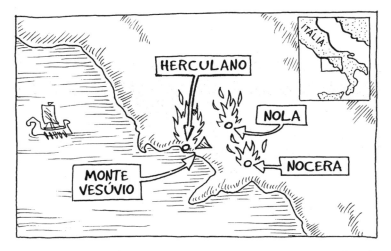

Crixo e seus amigos atacaram várias cidades grandes da Campânia. Romanos ricos acordavam em suas casas na cidade e encontravam escravos enlouquecidos. Aqueles com sorte fugiam com vida. Os que não tinham sorte só viviam para ver suas cidades queimadas e saqueadas. Espártaco tentou impedir o massacre indiscriminado de cidadãos romanos, mas Crixo não queria saber.

Espártaco e seus gloriosos gladiadores

Crixo pensava que enquanto conseguisse suprir os escravos com comida e recrutas, não importava o que fazia com os romanos nas cidades. Além disso, ele queria mais do que comida. Queria vingança...

Muitos dos escravos que haviam se unido à rebelião concordavam com Crixo. Depois de viver sob o chicote romano, eles queriam fazer seus donos pagar. E Crixo era seu líder. Não só isso, mas os saques nas cidades da Campânia significavam mais suprimentos para os escravos no Vesúvio. Toneladas de grãos, trigo, azeitonas, frutas, vinho e queijo eram carregados para alimentar os escravos. De vez em quando Crixo enviava os escravos recém-libertos para o acampamento carregando comida e artigos roubados.

Espártaco logo sentiu que tinha comida e escravos suficientes para encarar mais soldados romanos. Mandou avisar Crixo que o queria de volta no acampamento e começou a recolher as tendas e equipamentos de Glaber. Quando Crixo

Os três rufiões

chegou, Espártaco levou seus seguidores (agora quase 10 mil) a campo aberto. Foram para o sul, lado contrário de Roma. Ainda não tinham força suficiente para uma cidade daquele tamanho.

As forças de Fúrio

Enquanto isso, Varínio havia chegado a Campânia vindo de Roma. Ele havia dividido suas forças com mais dois comandantes, Fúrio (sim, esse era mesmo o nome dele) e Cossino. Vamos conhecer os três rufiões que perseguiam Espártaco:

VARÍNIO

GOSTA: BATALHAS A CAVALO E GLÓRIA.
NÃO GOSTA: QUALQUER UM QUE ATRAPALHE SEU CAMINHO PARA UM POSTO MAIS ALTO.
APELIDO: "CHICOTUDO"
CARÁTER: MUITO CAUTELOSO, FAZ TUDO SEGUINDO AS REGRAS.

COSSINO

GOSTA: TOMAR BANHO.
NÃO GOSTA: COMBATE (É MUITO SUJO).
APELIDO: "COSSINO, O LIMPO"
CARÁTER: PREFERE SABÃO E ESPUMA A SANGUE E ESPADAS.

Espártaco e seus gloriosos gladiadores

FÚRIO
GOSTA: LUTAR.
NÃO GOSTA: VARÍNIO (CAUTELOSO DEMAIS) E COSSINO. (HIGIÊNICO DEMAIS)
APELIDO: NÃO PRECISA; SEU NOME JÁ DIZ TUDO.
CARÁTER: O MAIS JOVEM DOS TRÊS RUFIÕES, PRECISA MOSTRAR SERVIÇO.

Varínio não queria ser pego como Glaber. Seu plano era fazer Fúrio perseguir os escravos sem enfrentá-los. Fúrio manteria Varínio informado dos movimentos de Espártaco. Então Varínio diria onde e quando atacar os escravos.

Fúrio não teve dificuldades em seguir os escravos quando saíam do Vesúvio. O problema era que ele não podia lutar com eles. Fúrio tinha 2 mil homens sob seu comando. Eles podiam não ser os melhores recrutas (pois novamente Roma não tinha mandado suas melhores legiões atrás de Espártaco), mas Fúrio confiava no seu taco. Afinal, os inimigos não eram soldados *de verdade*, e sim escravos.

Armando a armadilha

Espártaco pensava quase a mesma coisa que Fúrio. Os escravos ainda não eram um exército treinado. Embora agora tivessem armas de verdade (Glaber havia sido muito, muito generoso), eles ainda não estavam totalmente armados. E, juntando todos, os três rufiões romanos tinham entre seis e sete mil soldados.

Esse é um daqueles momentos nos quais os escritores romanos ficam com vergonha de sua própria história, então dá para adivinhar o que aconteceu depois.

Os três rufiões

Espártaco provavelmente percebeu que o jovem romano estava louco para pegar os escravos antes que Cossino e Varínio se envolvessem. Enquanto marchava com seus seguidores, arquitetou um plano audacioso...

> I. Crixo leva cem homens para o fim da coluna em marcha e protege os escravos mais lentos, como velhos e doentes.
> II. Guardas e pessoal lento ficam bem para trás enquanto seguimos em frente. Fúrio vai achar que pode dar conta de todos com facilidade.
> III. Quando Fúrio aparecer, Crixo e seus homens devem esperar novas ordens.

É claro que Crixo logo viu uma nuvem de poeira vindo em direção a seu pequeno e vagaroso bando. Ele levou-os a uma pequena ravina e esperou.

A armadilha de Espártaco estava armada...

Fúrio cai como um pato

Fúrio percebeu a oportunidade. Suas tropas alinharam-se próximas à ravina, bloqueando a única saída. Os escravos estavam encurralados! Vislumbres da vitória subiram à cabeça do romano...

Espártaco e seus gloriosos gladiadores

Fúrio mandou suas tropas avançarem. Mas aí elas perceberam algo estranho. Os escravos atrás de Crixo desapareciam. A vala tinha outra saída! Fúrio ficou furioso. Ele mandou seus homens se apressarem antes que todos os escravos escapassem. Os romanos avançaram contra Crixo, que segurou as pontas na ravina com seus homens. Os romanos não entendiam. Crixo tinha apenas cem homens armados; os romanos somavam quase 2 mil. Por que Crixo estava tão confiante?

De repente Fúrio descobriu. Assim que entraram na vala, os romanos ouviram o som das espadas deixando a bainha. Milhares de espadas. Enquanto seguia Crixo, Fúrio não percebera que o resto do exército escravo havia dobrado de tamanho atrás dele. Agora eram os romanos que estavam encurralados na vala, cercados de escravos.

De repente Fúrio não se sentiu tão herói...

A batalha no banho

Um rufião a menos, faltam dois!

Espártaco percebeu que após a derrota de Fúrio, Varínio provavelmente tentaria unir seus dois outros exércitos. Ele sabia que teria mais chances se pegasse Cossino e Varínio separadamente. Então dividiu seus seguidores mais uma vez. A maioria seguiu para o sul. Agora era Espártaco quem liderava uma pequena gangue de ex-escravos a caçar romanos, onde quer que estivessem...

Os três rufiões

Espártaco tinha enviado espiões para ficar na cola de todos os generais romanos. Eles tinham ordens para seguir as colunas romanas que marchassem sobre Campânia. Avisaram Espártaco que Cossino estava por lá "descansando" da caça aos escravos.

O comandante romano havia seguido as ordens de Varínio e armara seu acampamento de forma a impedir a marcha de Espártaco para o norte. Mas Cossino cansou de viver entre soldados fedorentos. Para ser sincero, ele via a caçada toda como uma oportunidade para visitar os famosos banhos de Campânia. Então decidiu levar uma pequena força consigo para visitar os banhos de uma *villa* próxima. Infelizmente para eles, outra pessoa teve a mesma ideia...

Fugir de um bando de escravos sanguinários apenas com toalha e sabão é algo complicado, mas de alguma forma Cossino conseguiu. Espártaco seguiu o general até seu acampamento. Lá, ele e seus seguidores tomaram tudo, detonaram os soldados e mataram Cossino.

Espártaco e seus gloriosos gladiadores

Mais uma vez Espártaco mostrara que a bravura, a perspicácia e a surpresa poderiam derrotar os romanos.

Cavalgando por aí

Só sobrou Varínio. Seus dois comandantes haviam sido derrotados. Um estava morto (pelo menos tinha morrido de banho tomado) e seus 6 mil soldados agora eram 2 mil. As coisas estavam feias para o oficial romano, mas Varínio sabia que retornar a Roma derrotado por um escravo não era opção (ele nunca seria promovido se falhasse como Glaber).

Varínio montou acampamento perto de Espártaco. Assim esperava manter um olho nos escravos fugitivos e ficar protegido. Infelizmente (para o romano), Espártaco tinha outro plano genial na manga...

Os três rufiões

Espártaco fez Varínio acreditar que o acampamento ainda estava ocupado enquanto ele e seus seguidores se mandavam para longe dos romanos na calada da noite. Então Varínio teve que deixar seu acampamento seguro e seguir Espártaco até terreno aberto. Ele esperava impedir a marcha de Espártaco em direção a Roma, ao norte.

Mas Espártaco nem queria ir para o norte. Em vez disso, ele reuniu seus homens e, em uma rápida sucessão de combates, derrotou Varínio. O rufião vencido escapou por pouco de ser preso pelos escravos. Espártaco até capturou o belo cavalo branco do romano. E não foi tudo — também capturou vários Lictors (os homens que carregavam o fasces à frente dos exércitos romanos) e agora tinha outro fasces na sua coleção...

Espártaco e seus gloriosos gladiadores

Sul da Itália, 73 a.C.

Confesso que as coisas vão muito bem. Uma noite dessas, enquanto estava polindo meu novo fasces, minha mulher veio me dizer que estou me tornando uma lenda. Me surpreende ela declarar algo tão bonito, então pergunto o que ela quis dizer. Aí é óbvio que ela disse que eu estava próximo de ter o coração enfiado numa lança... É típico dela, não pode só falar que sou uma lenda. Independentemente disso, disse a ela que não seria uma lenda até libertar todos os escravos. Para isso, precisava de um exército de verdade. Primeiro, precisávamos de um nome — já sei, vou chamar de "Exército dos Escravos Libertos Que Querem Ir Para Casa". Hmmm, talvez "Exército dos Escravos Livres" soe melhor.

Não dá para criar um exército da noite para o dia. Vai levar tempo para recrutar, equipar e treinar ex-escravos para virarem bons soldados. Mas se tem uma coisa que ex-gladiadores sabem fazer é treinar assassinos... Parece um bom plano pra mim!

NADA DE OURO, SÓ FERRO

Com o inverno chegando, Espártaco teve bastante tempo para pensar no que ia precisar para seu novo exército. Eles haviam derrotado todos os soldados que Roma enviara naquele ano. Espártaco sabia que haveria um intervalo no inverno. Os romanos deixariam suas tropas em casa (por segurança) e não mandariam ninguém caçar escravos até a primavera. Se enviassem alguém no inverno, as perdas seriam grandes por conta de doenças e da falta de comida.

Então Espártaco ganhou tempo para treinar seu exército. E que tal recrutar mais soldados? Espártaco e os gladiadores já comandavam uma força de 10 mil. Os escravos de Campânia correram para se unir ao Exército dos Escravos Libertos e também à bandidagem da região. Mas para construir um exército que pudesse encarar as legiões romanas, Espártaco precisava de mais milhares. Cada legião romana tinha mais de 4500 soldados, e dobrava de tamanho quando marchava à guerra, reunindo aliados estrangeiros. Roma ainda não havia mostrado sua verdadeira força. Mas se Espártaco continuasse a ameaçar a terra e os escravos deles, o Senado logo agiria...

Espártaco e seus gloriosos gladiadores

Então onde Espártaco encontraria os homens, e o lugar, para construir seu exército?

Após a derrota de Varínio, Espártaco tinha o sul da Itália inteiro a seus pés. Era a região mais pobre do país. Havia escravos e gente pobre de sobra. Próximas dali ficavam duas regiões que interessavam a ele, Lucânia e Apúlia. Lugares ideais para Espártaco atrair mais seguidores.

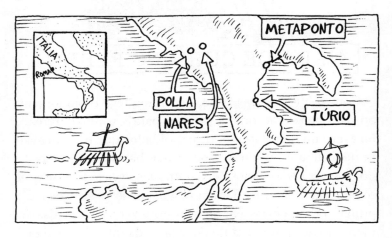

Claro que o sul era bem distante de Roma, por isso os escravos estariam de sobreaviso caso um exército romano começasse a marchar em direção a eles. O sul também era mais quente e tinha praias. Os gladiadores e escravos podiam, no mínimo, aproveitar umas férias antes de voltar a lutar na primavera. Então Espártaco e seguidores voltaram-se para o sul.

Quando o Exército dos Escravos Libertos marchava, levava à frente os emblemas capturados dos exércitos romanos que haviam derrotado. Os fasces eram brandidos pelos que marchavam à frente. O próprio Espártaco cavalgava o belo cavalo branco que havia capturado de Varínio.

Nada de ouro, só ferro

Todo dia membros do exército entravam na zona rural. Encontravam escravos acorrentados trabalhando nos campos de trigo e em fornalhas de pequenas metalúrgicas. Onde houvesse trabalhadores acorrentados, havia uma campanha para que eles se unissem ao levante...

DE ESPÁRTACO PARA OS ESCRAVOS

ESCRAVOS, ROMANOS, CAMPONESES, ESPÁRTACO E SEUS GLORIOSOS GLADIADORES ESTÃO NA SUA REGIÃO. O ALGOZ DE ROMA E HERÓI DAS CLASSES TRABALHADORAS OS CONVIDA A UNIREM-SE AO NOSSO EXÉRCITO. ESTÁ CANSADO DOS AÇOITES? CANSADO DO TERROR? FARTO DE TRABALHAR? JUNTE-SE AO EXÉRCITO DOS ESCRAVOS LIBERTOS. DEIXE OS ROMANOS NOJENTOS FAZEREM SEUS SERVIÇOS NOJENTOS.

O EXÉRCITO DOS ESCRAVOS LIBERTOS É A FAVOR DE:

I. PASSAGEM LIVRE PARA CASA (SEJA ONDE FOR) A TODOS QUE QUISEREM
II. CADA HOMEM DECIDE SEU PRÓPRIO DESTINO
III. TODA PILHAGEM É DIVIDIDA IGUALMENTE
IV. TODO TRABALHO É DIVIDIDO IGUALMENTE
V. O FIM DA TIRANIA ROMANA
VI. O FIM DA ESCRAVIDÃO

TODOS SÃO BEM-VINDOS AO ACAMPAMENTO DE ESPÁRTACO! TRAGAM SUAS CORRENTES. (EXPERIÊNCIA MILITAR É DESEJÁVEL, MAS NÃO É REQUISITO. FERREIROS EM FALTA.)

Espártaco e seus gloriosos gladiadores

Dezenas de milhares de escravos responderam ao chamado de Espártaco, bem como camponeses que haviam sido maltratados pelos romanos.

> **Faça como os romanos:** Camponeses
> A maior parte da população de Apúlia e Lucânia era forçada a alugar terras dos romanos ricos. O aluguel era muito caro e, quando os camponeses não podiam pagar, era normal venderem a si mesmos ou a sua família como escravos.

Como você pode imaginar, esse pessoal odiava os romanos quase tanto quanto os escravos. Para eles, Espártaco era um herói que havia se levantado contra os tiranos.

Quanto mais Espártaco marchava, maior era o número de pessoas atrás dele. O número logo chegou a 100 mil. Espártaco agora tinha que encontrar algum lugar para transformar essa multidão em um exército de verdade. Onde ele poderia encontrar espaço e provisões para um grande acampamento? Ele precisava mesmo era de uma cidade.

Espártaco e seus comandantes discutiram as táticas que poderiam usar para capturar uma cidade grande o suficiente para acomodar seu grande contingente. É claro que Crixo já tinha seus métodos:

Guia de Crixo para tomar uma cidade
1. Marchar com alguns milhares de soldados até o portão de entrada.

Nada de ouro, só ferro

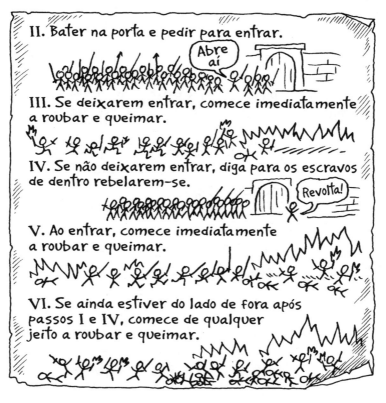

Espártaco não gostava das táticas de Crixo. Ele queria uma cidade intacta. Uma casca queimada não tinha muita utilidade como campo de treinamento. Ele disse a Crixo e aos outros que tentariam negociar com os conselheiros das cidades.

Espártaco e seus gloriosos gladiadores

Para o azar das cidades da Lucânia, Espártaco não conseguiu convencer Crixo. Ao passarem por Nares e Polla, Espártaco tentou impedir que os seguidores de Crixo arrasassem as cidades. Ele chegou a mandar um mensageiro para avisar a população de que Crixo estava chegando. Mas as mensagens chegaram tarde demais. Crixo estava determinado a se vingar.

> Se Crixo não parar de incendiar cidades, nunca vamos achar um lugar para treinar o exército. Ele está começando a me tirar do sério. Minha mulher nem precisa falar... Se não encontrarmos logo um lugar, Crixo e eu vamos sair no tapa.

Os gauleses que seguiam Crixo se acertaram com os bandidos e escravos que se uniram ao Exército dos Escravos Libertos. Eles não estavam nem aí para voltar para casa e muito menos para dar fim à escravidão. Eles se importavam com ouro e prata, cavalos e vinho. E ter uma doce vingança contra Roma.

Enquanto o exército era pequeno, isso não era problema. Mas agora os seguidores de Crixo queriam caos. Recusavam-se a seguir ordens e não deixavam o resto do exército achar um campo de treinamento. Quando se aproximavam da costa sul da Itália, as brigas entre Espártaco e Crixo ficaram piores. Espártaco queria muito ter relações de paz com o povo de Túrio para que o exército pudesse acampar ali por perto e usar a cidade. Ele tinha medo de que Crixo fosse promover um saque, como fizera em Nares e Polla.

Nada de ouro, só ferro

Dessa vez Espártaco deu um jeito de ir até o conselho municipal em pessoa.

O conselho municipal de Túrio aceitou a promessa de Espártaco de que os escravos não iriam destruir a cidade. É possível que o charme de Espártaco os tenha conquistado, mas o baú cheio de joias e ouro que deu a eles em troca de comida e suprimentos deve ter ajudado (bem como os 80 mil soldados que tinha consigo). Eles escolheram uma grande extensão de terra na costa para o Exército dos Escravos Libertos usar como alojamento de inverno.

Acampamento "Exército dos Escravos Libertos"

Você já deve ter ido a um acampamento nas férias, mas não a um como esse que Espártaco teve que comandar durante o inverno de 73 a 72 a.C. Com mais de 80 mil pessoas precisando de abrigo, comida e treinamento, Espártaco virou um cara bastante ocupado...

Espártaco e seus gloriosos gladiadores

OUTUBRO DE 73 A.C. - COISAS A FAZER

- MEIA HORINHA DE EXERCÍCIO COM GUARDA-COSTAS, INCLUINDO TREINO DE ESPADA

- CAFÉ DA MANHÃ — Não tem nada pior que gladiador gordo.

- CONHECER RECÉM-CHEGADOS E MANDAR ELES CAVAREM FOSSAS.

- SUPERVISIONAR TREINO DA SEÇÃO DE CAVALARIA. — Esses cavalos romanos são os melhores...

- REUNIÃO COM DELEGAÇÃO DA CIDADE DE TÚRIO PARA DISCUTIR NOSSAS NECESSIDADES.

- ALMOÇO COM A MULHER. — Gente legal, muito hospitaleira.

- VISITAR FUNDIÇÃO E FERRARIA ONDE NOVAS ARMAS ESTÃO SENDO PRODUZIDAS.

- VISITAR O CAMPO DE TREINAMENTO DA INFANTARIA PARA VER COMO CRIXO, CASTO E ENOMAU ESTÃO LIDANDO COM NOVOS RECRUTAS.

- JANTAR COM OS GLADIADORES. — Estranho pensar que chegamos tão longe...

Outra discussão sobre o caminho que o exército deve tomar quando sairmos daqui. Crixo quer atacar Roma e eu quero ir para casa. Reclamações quanto à falta de armas. Acabou com todos bêbados cantando velhas canções de gladiador juntos...

Nada de ouro, só ferro

Essas não eram as únicas discussões que Espártaco tinha com seus amigos gladiadores. É fácil dividir a pilhagem igualmente quando se tem umas poucas centenas de pessoas, mas com um exército de quase 100 mil é bem mais difícil. Discussões sobre a distribuição eram cada vez mais frequentes.

Espártaco pensou bastante para solucionar esses problemas. Então decretou a seguinte ordem:

REGRA GERAL Nº I PARA O EXÉRCITO DOS ESCRAVOS LIBERTOS POR ORDEM DE ESPÁRTACO, O GENERAL GLADIADOR

• NENHUM EX-ESCRAVO DEVE TRAZER, POR COMÉRCIO OU SAQUE, OURO PARA O ACAMPAMENTO DE TÚRIO.
• O OURO ENCONTRADO (OU ROUBADO) DEVE SER REUNIDO E TROCADO NOS MERCADOS LOCAIS POR FERRO E COMIDA.
• ACUMULE FERRO EM GRANDES QUANTIDADES – CORRENTES E ALGEMAS ANTIGAS DEVEM SER ENTREGUES AOS FERREIROS DO ACAMPAMENTO.

IMPORTANTE!
QUALQUER PESSOA ENCONTRADA COM OURO SERÁ EXPULSA DO EXÉRCITO.

Espártaco sabia que o exército precisava de metal para transformar em armas e armaduras. Ouro pode ser bonito, mas é muito mole para virar espada ou escudo. Além disso, as brigas pelos saques começavam a atrapalhar os trei-

Espártaco e seus gloriosos gladiadores

namentos. Mas para Crixo e seus seguidores esta ordem foi a última gota. Eles tinham aguentado Espártaco ser eleito líder, em vez de Crixo. Eles tinham aguentado a conversa de levar todos escravos de volta a suas casas. Eles tinham aguentado até a insistência em dividir a pilhagem igualmente. Agora, ao banir o ouro do acampamento, Espártaco deixou-os muito irritados.

Túrio, 73 a.C.

Crixo está furioso. Ele está reunindo todos seus seguidores — que são entre 20 e 30 mil! Eles querem levar as armas (Crixo diz que foi o ouro dele que pagou por elas) e formar seu próprio acampamento. Mas ele não vai levar as armas. Aquela pilhagem foi dividida igualmente e meu novo Exército dos Escravos Libertos vai precisar das armas para lutar. Espero que Crixo se acalme — se não, vamos ter que resolver à **moda gladiador!** Ele sabe que posso ser tão cabeça-dura quanto ele.

Espártaco   Crixo

Não pode chegar a isso, né?

Nada de ouro, só ferro

Felizmente as coisas não acabaram em luta. Crixo e Espártaco enfim chegaram a um acordo. Crixo iria manter um acampamento menor próximo ao do Exército dos Escravos Libertos. Ele continuaria a treinar suas tropas junto a Espártaco até a primavera.

Durante todo o inverno, mais escravos vieram da zona rural, portanto a perda dos homens de Crixo não foi tão preocupante para Espártaco. O que não impediu que ele ficasse triste de ver seu velho amigo partir.

> **Túrio, 72 a.C.**
>
> Crixo foi para seu próprio acampamento hoje. Na noite passada, bebemos juntos pela última vez e lembramos os velhos tempos — lutar na arena juntos, fugir da escola de Baciato e socar aquela romanada. Enquanto ia saindo, ele me deu um último conselho: "Mesmo se você chegar no norte, o exército nunca vai cruzar os Alpes, Espártaco. Escravos nunca podem voltar para casa. Você terá que libertar todos os escravos da Itália e destruir Roma antes de sermos realmente livres". (Será que ele tem conversado com a minha mulher?) Disse a ele que não me importava. Ainda vou tentar levar os escravos para casa. Ele disse: "Prefiro viver um ano como rebelde rico a perder meu tempo sonhando com algo que pode não acontecer". Então se

Espártaco e seus gloriosos gladiadores

foi. É claro que logo o verei de novo (ele vai se mudar para o vale ao lado), mas quando o clima melhorar vamos tomar caminhos diferentes.

Minha mulher diz que Crixo está sendo idiota. Ela falou alguma coisa sobre ele ser derrotado pela letra "G". Espero mesmo que Crixo se vire sozinho, mas ficamos melhor sem ele. Se tivéssemos que parar a marcha cada vez que ele quisesse saquear uma *villa*, nunca chegaríamos aos Alpes. Fui eleito para levar esses escravos para casa e, pelo ferro das minhas antigas correntes, é isso que vou fazer.

Mais ao norte, do outro lado do país, ficava uma gigantesca cordilheira que separava a Itália do resto da Europa. Os Alpes formavam uma barreira natural entre Roma e as partes da Europa que eles saqueavam para conseguir escravos. Ao atravessar as montanhas, Espártaco planejava desfazer o exército e mandar todos para casa. É claro que "casa" era uma coisa diferente para cada um, mas Espártaco tinha certeza de que, livres dos romanos, todos encontrariam o caminho de volta para sua terra natal.

Algumas semanas depois que Crixo deixou o Exército dos Escravos Libertos, Espártaco recebeu a notícia que todos estavam esperando. Uma delegação de anciãos de Túrio veio vê-lo. Eles tinham algumas notícias vindas de Roma...

Nada de ouro, só ferro

A Legião
~ Fevereiro, 72 a.C. ~

SENADO LEVA ESCRAVOS A SÉRIO

Dois novos cônsules foram nomeados no Ano-novo. São Cneu Cornélio Lêntulo Clodiano e Lúcio Gélio Publícola.

Consulta aos cônsules
O Senado perguntou aos cônsules como lidariam com o levante de escravos que atormenta o sul da Itália. Ambos consideram que a situação "já deixou de ser piada". "A melhor forma de esmagar uma revolta de escravos é esmagá-la com poderio militar", disse Clodiano.

Já se sabe (ou dizem por aí) que o líder da revolta é um nobre da Trácia, Espártaco. Ele não pode ser um escravo, pois escravo algum poderia derrotar os exércitos já enviados.

Cônsules conscritos
Pediu-se aos cônsules que resolvam o levante imediatamente. Dessa vez, contudo, Roma mandará exércitos de verdade. Quatro legiões de mais de 4 mil soldados cada acompanharão os cônsules à batalha. Um número parecido de aliados de Roma irá se juntar à marcha.

Cônsules chegando
Com os dois cônsules encabeçando um exército completo, Roma enviou uma mensagem clara aos escravos e a qualquer um que estivesse

Espártaco e seus gloriosos gladiadores

ajudando os rebeldes: CUIDEM-SE! Dessa vez, não haverá erro. Quando questionado se teria uma mensagem pessoal para o general gladiador, Gélio provocou: "Age, Spartacus. Fac ut gaudeam".*

Como Roma funciona
Cônsules: dois novos cônsules são apontados a cada ano em Roma. Eles cuidam de questões de bem-estar e de guerra. Lideram exércitos, fazem as leis valerem e mantêm os escravos (e estrangeiros) sob controle. Eles são os caras.

* Venha, Espártaco. Alegre meu dia!

Os conselheiros municipais de Túrio queriam que Espártaco fosse embora rápido. Não queriam que os romanos o encontrassem perto da cidade deles. Eles ficariam irritados com o povo de Túrio por ter ajudado os escravos, e certamente saqueariam as lojas da cidade atrás de comida. Mas como os escravos estavam por ali, não havia muita comida sobrando. Então o conselho perguntou a Espártaco se ele por acaso não se importava de ir lutar com os romanos em outro lugar.

Espártaco entendia por que eles queriam que ele fosse embora, mas já havia decidido que chegara a hora do Exército dos Escravos Libertos seguir em frente — e logo. Se os romanos fossem rápidos, bloqueariam a rota norte e o Exército seria pego de costas para o mar. Depois de mandar uma mensagem para Crixo, Espártaco começou a preparar o Exército para marchar até os Alpes.

DOIS CÔNSULES, QUATRO LEGIÕES E UM FUNERAL

Quanta diferença alguns meses fazem!

Quando Espártaco chegou a Túrio ele tinha mais ou menos 100 mil seguidores. Eles eram mal equipados, mal alimentados, mal treinados e, bom, estavam mal mesmo. Mesmo depois de separar-se de Crixo, o Exército dos Escravos Libertos de Espártaco contava com cerca de 70 mil integrantes. (Mil vezes o número de gladiadores que fugiram da escola de Baciato!)

Espártaco passara um tempo no exército romano e viu-o lutar de ambos os lados. Ele usou toda sua experiência para construir um exército disciplinado e bem equipado. A maioria dos soldados tinha as armas certas. Eles dispunham de espadas de ferro com armaduras e escudos de ferro ou bronze. Eram organizados em unidades disciplinadas. Aquele período difícil na escola de gladiadores deixou sua marca. (Literalmente, já que os gladiadores ainda tinham o nome "Baciato" marcado a ferro quente em suas pernas.) O Exército dos Escravos Libertos foi treinado por gladiadores para lutar como gladiadores. Eles haviam treinado com espadas e lanças repetidamente. Os gladiadores os ensinaram a encontrar a glória em batalha, a tratar a morte com des-

Espártaco e seus gloriosos gladiadores

prezo e, o mais importante, a matar. Eles sabiam que a derrota significava morte e que a vitória provavelmente significava apenas outra luta por vir. Mas eles estavam prontos.

Depois de levantar acampamento, o Exército dos Escravos Libertos adotou sua formação de marcha. Cada unidade agru-

Dois cônsules, quatro legiões e um funeral

pou-se de acordo com seu modelo militar. Isso ajudaria a identificar umas às outras e também a dizer onde deviam posicionar-se durante a batalha. Em cada grupo também havia símbolos das terras natais dos ex-escravos, que lembravam por que estavam marchando contra as legiões romanas.

Espártaco e seus gloriosos gladiadores

Enfim o Exército dos Escravos Libertos começou sua marcha rumo ao norte. Assim que deixaram o acampamento perto de Túrio, a população assistiu à partida. (Eles provavelmente só queriam garantir que Espártaco tinha realmente ido embora).

Túrio, 72 a.C.

É incrível! Há poucos anos eu era um pastor de ovelhinhas numa floresta da Trácia. Agora estou liderando um imenso exército de durões no meio da Itália. Como as coisas mudam. Mas uma vida tranquila lá na velha Trácia tem suas vantagens:

1. Nada de brigas com ex-escravos.
2. Nada de torneios de gladiadores.
3. Nada de romanos tentando me matar. (Espero.)

Não importa, tenho tudo planejado. Marchamos para o norte, evitamos a cidade de Roma, cruzamos os Alpes e vamos para casa. É um plano simples, então tenho certeza de que funcionará. Preparei para o exército as seguintes ordens:

- Mantenham-se em suas unidades
- Obedeçam aos mais velhos e experientes
- Libertem todos os escravos e esvaziem todas as prisões

Dois cônsules, quatro legiões e um funeral

- Acampem onde for definido
  AVISO!
- Bebedeira e indisciplina não serão toleradas
- Só saqueiem quando receberem ordem

Aí está, bem simples. Claro que a minha mulher diz que nunca vai funcionar. Qualquer dia desses, tenho que ter uma conversa com ela sobre essas visões.

Enquanto andava em direção ao norte por Piceno, o Exército dos Escravos Libertos libertava escravos onde os encontrasse. O último ano tinha deixado os romanos ainda mais rigorosos com seus escravos. Os castigos severos ficaram ainda mais severos. Muitos escravos eram aprisionados, mas milhares conseguiam fugir ou eram libertados por Espártaco e juntavam-se ao Exército.

Crixo e seus 30 mil seguidores deixaram Túrio algumas horas depois de Espártaco, mas, diferentemente do Exército dos Escravos Libertos, seu objetivo não era libertar mais escravos. De fato, a rota de Crixo era ligeiramente diferente da de Espártaco e seu Exército dos Escravos Libertos:

Espártaco e seus gloriosos gladiadores

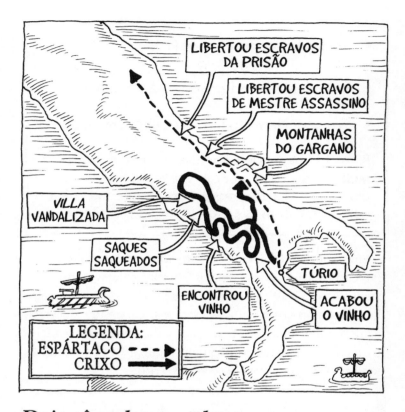

Dois cônsules cautelosos

Enquanto isso, os dois cônsules haviam deixado Roma e estavam a caminho para esmagar a rebelião escrava.

Clodiano e Gélio não eram bobos. Eles não estavam desesperados pelo sucesso como Fúrio. Eles podiam dar-se ao luxo de esperar. Sabiam que enfrentar os exércitos de Crixo e Espártaco seria bobagem. Seu plano dependia das legiões romanas enfrentarem um exército de cada vez. Isso significava esperar até que a brecha entre os dois exércitos de escravos rebeldes fosse grande o bastante.

Logo os cônsules viram sua oportunidade.

Dois cônsules, quatro legiões e um funeral

Espártaco e seus gloriosos gladiadores

Dois cônsules, quatro legiões e um funeral

Foi uma vitória vital para os escravos. Eles puseram abaixo duas legiões romanas e forçaram um poderoso cônsul a fugir. Com Clodiano fora do caminho, os Alpes estavam mais próximos. Mas Espártaco e seu exército não tiveram tempo para comemorar. Os mensageiros de Crixo chegaram com notícias do incidente em Gargano.

Espártaco e seus gloriosos gladiadores

Enquanto marchavam para o sul, encontraram Árrio e Gélio vindo na direção oposta. Os dois romanos pensaram que surpreenderiam Espártaco pela retaguarda enquanto ele combatia Clodiano. Ao invés disso, encontraram o Exército dos Escravos Libertos de frente. Desnecessário dizer que Espártaco não estava a fim de uma longa batalha. Enfraquecidos pela heroica resistência de Crixo, Árrio e Gélio logo foram despachados.

Mas foi uma vitória amarga para o Exército dos Escravos Libertos. Espártaco chegou a Gargano tarde demais...

Monte Gargano, Abril, 72 a.C.

Eu não acredito! Vinte mil homens do exército de Crixo mortos. E não só isso, o próprio Crixo foi morto por um rico romano chamado "Gélio" em Gargano. Minha mulher havia dito que a letra "G" logo estaria presente na vida de Crixo.

Pelo menos seus homens dizem que ele lutou como um verdadeiro gladiador. Sem medo da morte e com uma boa pilha de corpos romanos ao seu redor. Crixo foi um grande homem e merece coisa melhor do que apodrecer no topo de uma colina italiana como um escravo qualquer. Minha mulher diz que temos que partir rapidamente. Ela diz que temos uma "grande decisão" a tomar antes de chegarmos aos Alpes. Mas, antes de qualquer coisa, honrarei Crixo, o Gaulês. Se aprendi algo na escola de gladiadores foi a honrar os mortos...

Dois cônsules, quatro legiões e um funeral

Espártaco acampou nas montanhas do Gargano. Ele posicionou guardas cuidadosamente em torno de seu perímetro (como Crixo devia ter feito) e mandou vigias para mantê-lo informado sobre Gélio e Clodiano.

Depois de ter certeza de que os cônsules não estavam planejando outra surpresa desagradável, Espártaco começou a tratar da homenagem a seu amigo morto.

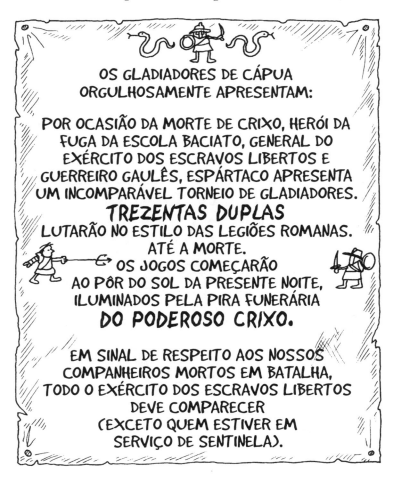

OS GLADIADORES DE CÁPUA ORGULHOSAMENTE APRESENTAM:

POR OCASIÃO DA MORTE DE CRIXO, HERÓI DA FUGA DA ESCOLA BACIATO, GENERAL DO EXÉRCITO DOS ESCRAVOS LIBERTOS E GUERREIRO GAULÊS, ESPÁRTACO APRESENTA UM INCOMPARÁVEL TORNEIO DE GLADIADORES.

TREZENTAS DUPLAS

LUTARÃO NO ESTILO DAS LEGIÕES ROMANAS. ATÉ A MORTE. OS JOGOS COMEÇARÃO AO PÔR DO SOL DA PRESENTE NOITE, ILUMINADOS PELA PIRA FUNERÁRIA

DO PODEROSO CRIXO.

EM SINAL DE RESPEITO AOS NOSSOS COMPANHEIROS MORTOS EM BATALHA, TODO O EXÉRCITO DOS ESCRAVOS LIBERTOS DEVE COMPARECER (EXCETO QUEM ESTIVER EM SERVIÇO DE SENTINELA).

Espártaco e seus gloriosos gladiadores

Você pode estar se perguntando onde Espártaco iria encontrar seiscentas pessoas para lutar em homenagem a seu amigo. Bem, é verdade que a maioria dos romanos havia ou fugido ou sido morta depois das batalhas com Clodiano e Gélio. Mas cerca de seiscentos foram tomados como prisioneiros. Eles devem ter ficado confusos quando os escravos deram a cada um uma espada e um escudo. Talvez eles tenham achado que seriam recrutados por Espártaco. Talvez eles pensassem que seriam libertados. Mas logo entenderam seu destino brutal.

Os prisioneiros romanos foram obrigados a formar um grupo. Foram rodeados por todos os lados pelo Exército dos Escravos Libertos. Fugir era impossível.

Espártaco tomou posição e a multidão silenciou. Então soaram as trombetas e o comando:

"Que comecem os jogos!"

O Gládio Diário

GRAVE INSULTO!

Nunca o honroso esporte da luta gladiatória passou por tamanha vergonha. Ontem à noite, o rebelde trácio Espártaco zombou da fina tradição romana da matança e da carnificina pública.

Dois cônsules, quatro legiões e um funeral

Autoridades da Arena não puderam fazer nada enquanto o ex-gladiador forçou seiscentos romanos a lutar ante uma audiência da escória escrava. Lutando em pares, os romanos mataram uns aos outros desesperados pela sobrevivência.

Em uma ação calculada para insultar o povo romano, Espártaco organizou tais "jogos" para "honrar" um companheiro morto em batalha. Crixo, o Gaulês, foi um desprezível inimigo de Roma.

Um bandido mesquinho, Crixo merecia ser pregado a uma cruz, não ser tratado como um nobre.

Pânico!

Esse tal de Espártaco ficou muito saidinho. Derrotou os maiores políticos romanos, deixando a cidade na linha de fogo de uma rebelião escrava. Tratar cidadãos romanos como escravos, forçando-os a lutar até a morte, é a última gota.

Os cônsules sabem que são motivo de piada nas ruas de Roma. Sabiamente decidiram não retornar à cidade. Em vez disso, reagruparam suas tropas para tentar impedir que os escravos devastem Roma. Do jeito que as coisas estão, este jornal acredita ser uma boa hora para entrar em pânico.

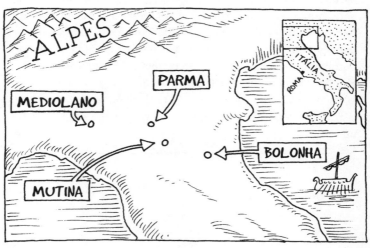

Os cidadãos de Roma não haviam realmente levado a sério Espártaco e a rebelião escrava até agora. Não esperavam que Espártaco e algumas centenas de escravos fugitivos pudessem derrotar os três mil homens enviados atrás deles. E certamente não esperavam que Espártaco sobrevivesse ao ataque triplo de Varínio, Cossino e Fúrio. Já houvera grandes rebeliões de escravos antes, mas nunca na Itália e, de-

Para Roma ou para casa?

finitivamente, não tão perto de Roma. Nas ruas da capital, os cidadãos começaram a perguntar se estavam a salvo desse pretensioso gladiador, esse tal de Espártaco.

Quando chegaram notícias de que Espártaco havia derrotado o que havia restado dos exércitos dos cônsules, os romanos ficaram aguardando notícias de um ataque do Exército dos Escravos Libertos à cidade. Mas Espártaco sabia que um ataque desse porte estava fora de cogitação...

Montanhas do Gargano, 72 a.C.

Agora que acabamos com Gélio e Clodiano, a estrada para Roma está livre. Alguns membros do Exército dos Escravos Libertos querem atacar a cidade. Continuo dizendo a eles que não temos o equipamento necessário para tomar uma cidade como Roma. Nós precisaríamos de torres de madeira gigantes para obstruir os muros e pesadas catapultas para destruir os quartéis, e não temos nenhuma dessas coisas. Meu plano ainda é cruzar os Alpes. Assim que tivermos cruzado com segurança, os gauleses e trácios podem separar-se e voltar aos seus lares. Os africanos e italianos estarão livres para vir conosco ou arriscarem-se na Itália. Como sempre, minha esposa diz que não será nada fácil. Típico. Por que ela tem que tornar as coisas tão complicadas? É bem simples, na verdade. Nós vamos cruzar os Alpes... e ponto-final!

Espártaco e seus gloriosos gladiadores

O Exército dos Escravos Libertos marchou para o norte e logo alcançou a província romana da Gália Cisalpina. Esse era o último território do norte de Roma. Eles tinham chegado aos sopés dos Alpes.

Em Mutina (atual Módena), o Exército dos Escravos Libertos deu de cara com o governador da Gália Cisalpina, Caio Cássio Longino, e um magistrado chamado Cneu Mânlio. Longino era um experiente comandante romano e os 10 mil homens sob suas ordens eram todos legionários calejados. Eles estavam acostumados a lutar contra hordas bárbaras. Protegiam uma das colônias mais ricas de Roma. Eram altamente treinados e motivados. Por que deveriam se preocupar com alguns escravos saqueadores do sul?

Mas Espártaco e o Exército dos Escravos Libertos estavam preparados para lutar. Havia um único resultado possível no vindouro combate...

A Legião

DESASTRE CISALPINO! TROPAS PERDEM EM CASA

Durante anos, as tropas que guardaram a fronteira ao norte da Gália Cisalpina fizeram um excelente trabalho defendendo-a das terríveis invasões bárbaras.

Mas tudo mudou. Espártaco e seu bando de escravos fugitivos atacaram os romanos pela retaguarda — só um vil gladiador usaria tal tática. Ele certamente não é um nobre. Isso simplesmente não é guerra, de jeito nenhum!

Para Roma ou para casa?

Desertores romanos
Cássio "Não Foi Muito" Longino e Cneu "Não Muito" Mânlio só conseguiram escapar no último minuto. Abandonando seus soldados e a região mais rica de Roma, os dois generais deram no pé. Fugindo, ao menos eles seguiram a fina tradição dos generais romanos ao enfrentarem Espártaco e seu exército.
E, assim como fizeram os outros generais que lutaram contra o renegado escravo, Longino voltou a Roma. Lá ele fez seu "relato" ao Senado e foi rapidamente tirado do comando.

O último obstáculo da jornada para casa havia sido removido. O Exército dos Escravos Libertos parou para respirar. Afinal, haviam marchado toda a extensão da Itália em apenas alguns meses — quase mil quilômetros. Os escravos que haviam sobrevivido à jornada desde Cápua e do Vesúvio fizeram o caminho uma vez e meia. O exército guerreara contra alguns dos melhores soldados de Roma. Agora não havia mais com quem lutar.

Sozinho em Roma

O fato era que Espártaco e suas tropas estavam em uma das mais abastadas províncias de Roma. Definitivamente o tipo de lugar para o cansado exército aproveitar um último bocado de retaliação e brutalidade às custas dos ricos romanos.

Mas enquanto Espártaco e o Exército dos Escravos Libertos tiravam vantagem da região campestre local, Roma

Espártaco e seus gloriosos gladiadores

estava em alvoroço. Apesar do fato de Espártaco ter continuado rumo ao norte e não ter demonstrado intenção de atacar a cidade, os romanos estavam preocupados. Seus melhores generais estavam distantes, lutando em terras estrangeiras. Pompeu, o Grande, estava na Espanha, lutando contra rebeldes romanos, e Lúcio Lucínio Lúculo estava na Ásia, enfrentando o rei Mitrídates (de novo).

Nas ruas de Roma, o pânico se espalhava. Uma multidão incansável, já furiosa com a má distribuição do trigo e do milho e preocupada com a possibilidade da rebelião impedir a chegada de comida à capital, rumou para o Foro exigindo que o Senado desse um jeito em Espártaco.

Quem defenderia a cidade de Roma?, perguntavam. Existiria alguém capaz de deter a ameaça escrava? Havia apenas um oficial romano para a função — apenas um que era homem o suficiente para dar conta de Espártaco...

MARCO LICÍNIO CRASSO

GOSTA:	DINHEIRO, PROPRIEDADES, ESCRAVOS E DINHEIRO
NÃO GOSTA:	POBRES, ESCRAVOS E OUTROS GENERAIS ROMANOS (ESPECIALMENTE POMPEU, O GRANDE — JOVEM E MAIS BEM-SUCEDIDO DO QUE MERECE)
APELIDOS:	"CRASSO, O CRUEL", "RICRASSO", "SOVINA"
CARÁTER:	UM HOMEM DE NEGÓCIOS PERSPICAZ, DE OLHO EM UM CARGO NO ALTO ESCALÃO DA ADMINISTRAÇÃO PÚBLICA. GANHA DINHEIRO COMPRANDO PROPRIEDADES A TAXAS REDUZIDAS (ISTO É, ACEITE ESSA QUANTIA OU SEJA REDUZIDO A NADA). EMPREGA MILHARES DE ESCRAVOS PARA CONSTRUIR AS PROPRIEDADES ANTES DE VENDÊ-LAS COM GRANDES LUCROS.

Para Roma ou para casa?

Crasso uma vez disse: "Nenhum homem pode ser considerado rico se não mantiver um exército a suas próprias custas". Bem, o Senado estava prestes a pagar para ver.

É claro que o engenhoso Crasso não iria gastar sua vasta fortuna defendendo Roma a troco de nada. Ele sabia que, se tivesse sucesso protegendo seus compatriotas, eles ficariam em débito. Aí poderia cobrar o favor e convencê-los a indicá-lo como cônsul, ou, ainda melhor, ditador.

> **Faça como os romanos:** Ditadores
> Ocasionalmente Roma enfrentava uma crise com a qual o Senado, os cônsules e os outros magistrados não conseguiam lidar. Nesses casos, os cônsules e o Senado apontavam um ditador. Um ditador geralmente ocupava o cargo por apenas seis meses. Mas de vez em quando um ditador poderia usar seu poderio militar para continuar no poder por muito mais tempo...

Para Crasso, ser o mais rico e mais poderoso cidadão da mais rica e mais poderosa nação do mundo era sua grande ambição. Se fracassasse, bem, não sobraria muito de Roma para ele governar. Então Crasso seguiu com a tarefa de formar um exército...

Motim em Mutina

Enquanto isso, bem mais ao norte, o Exército dos Escravos Libertos ainda estava aproveitando a hospitalidade alpina...

Espártaco e seus gloriosos gladiadores

Mutina, 72 a.C.

Nós já ficamos tempo demais neste lugar. Todos os escravos estão engordando com essa comida maravilhosa. Até minha mulher está adorando. Mas é claro que ela tem outras coisas do que reclamar. Na noite passada ela me disse que se não nos mexermos logo correremos sério perigo. Aparentemente os romanos escolheram um novo comandante para lidar conosco. Pra completar, ela diz que os romanos podem chamar Pompeu e meu antigo chefe "Três Ls" de volta. Mesmo bem equipados, teríamos dificuldade para derrotar os três. Eu queria que ela não parecesse tão feliz ao me dar a má notícia.

Disse a ela que não importava, porque estaríamos atravessando os Alpes a qualquer momento. Em poucas semanas o tempo vai piorar e será impossível cruzar as montanhas. Ela riu e disse: "Mas eu ainda não lhe dei a pior notícia, Espártaco. O exército está à beira de um motim". Estamos tão perto de casa, apenas a um passo para que todos consigam atravessar as montanhas, e então eu e minha mulher poderemos nos aposentar. Esse era o plano, e ainda é. Não pode dar errado agora, né?

Para Roma ou para casa?

O plano pode ter sido simples, mas Espártaco estava tendo problemas para convencer o Exército dos Escravos Libertos de que eles deviam cruzar os Alpes e rumar para casa.

Para Espártaco, o problema era o fato de que o Exército dos Escravos Libertos não era mais formado por ex-gladiadores e escravos estrangeiros. Durante a longa marcha desde o sul, Espártaco atraiu cada vez mais romanos pobres. Além disso, vários dos escravos fugitivos haviam nascido escravos. A casa dessas pessoas não era além dos Alpes — era ali mesmo, na Itália. E essa não era a única razão pela qual o exército não estava disposto a seguir Espártaco. O ânimo dos soldados do Exército estava diferente. Eles não eram mais pessoas chicoteadas e oprimidas. De repente, estavam pensando por conta própria e questionando todo tipo de autoridade, incluindo Espártaco.

Logo, até Espártaco começou a questionar seu plano...

Espártaco e seus gloriosos gladiadores

> Mutina, 72 a.C.
>
> O problema é que também não estou certo se quero ir para casa agora; estava fazendo isso tudo pelos escravos libertos. Liderei um exército de 100 mil, derrotei os exércitos de Roma e ganhei alguns belos cavalos no caminho. Eu quero mesmo voltar a tomar conta de um punhado de ovelhas na Trácia? Acho que não. Sem um exército sou um ninguém, e sem mim o exército vai fazer algo imbecil como atacar Roma. Eles certamente serão derrotados e então todo o meu árduo trabalho terá sido em vão.
>
> Pra completar, sempre que peço conselhos à minha mulher ela apenas sorri e fala daquela cobra em Roma. Isso tudo só me dá dor de cabeça.

A maior parte do Exército dos Escravos Libertos queria ficar na Itália e não havia o que Espártaco pudesse fazer a respeito.

E agora?

Para Roma ou para casa?

Assim como fez no Vesúvio, Espártaco decidiu convocar uma assembleia geral para traçar um plano com o qual todos concordassem. Essas foram as opções às quais o exército chegou:

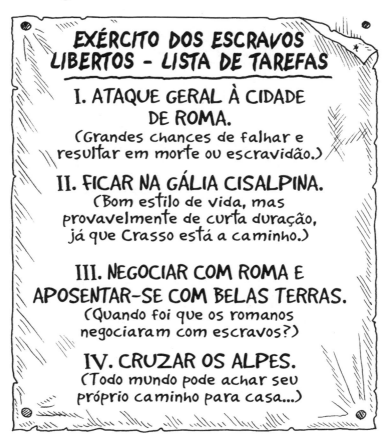

Não se chegava a um consenso, então o encontro arrastou-se por muito tempo. Finalmente, o exército chamou Espártaco para falar. O antigo pastorzinho da Trácia não desapontou. Espártaco bolou mais um ousado plano.

Espártaco e seus gloriosos gladiadores

Para Roma ou para casa?

Ao fim da assembleia, as discussões sobre o que eles deveriam fazer estavam mais intensas do que antes. Mas a maior parte do Exército dos Escravos Libertos queria ficar com Espártaco. Afinal de contas, ele os havia conduzido à vitória. Esse era um homem em quem podiam confiar. Logo todo o Exército dos Escravos Libertos entusiasmou-se com o plano da Sicília. Era hora de levantar o acampamento alpino e rumar para o sul.

LOTERIAS LETAIS E MONSTROS MARINHOS

As enormes propriedades rurais da Sicília estavam abarrotadas de escravos. Eles eram tratados tão mal que até alguns romanos já haviam reclamado. Mas é claro que esses romanos só manifestaram seu interesse depois de alguns escravos terem se rebelado e matado seus senhores. Entre 135 e 132 a.C., dois escravos chamados Euno e Cléon causaram rebuliço na ilha. Eles executaram senhores e provocaram desordem e destruição. Euno, aliás, chegou ao ponto de declarar-se rei. Os romanos enfim detonaram a revolta (e deixaram Euno morrer, coberto de piolhos, na prisão).

Trinta anos depois, outros dois encrenqueiros, Atenião e Sálvio, fizeram exatamente a mesma coisa. Houve um período em que parecia que eles iam dominar a ilha, mas os romanos conseguiram derrotá-los mais uma vez.

Espártaco certamente ouviu falar dessas rebeliões escravas na Sicília. Ele também deve ter percebido que se a primeira foi em 135 a.C. e a segunda em 104 a.C., então a próxima revolta devia estar agendada para breve (72 a.C.). Espártaco podia até estar um pouco atrasado, mas os escravos da Sicília não se importavam. Eles lembrariam como seus ancestrais lutaram contra os romanos e logo se uniriam ao Exército dos Escravos Libertos. Pelo menos era o que Espártaco esperava.

Em formação de batalha

Depois do Exército dos Escravos Libertos finalmente concordar com seu plano, Espártaco começou a pensar à frente. Libertar a Sicília não seria fácil. A primeira coisa com que precisaria lidar era, de um modo geral, o estado do exército. Armas deveriam ser trocadas e consertadas. As unidades de batalha deveriam ser reforçadas com novos recrutas. Soldados que tinham abusado de comida e vinho deveriam entrar em forma novamente.

Enquanto Espártaco treinava o Exército dos Escravos Libertos, mandava grupos de saqueadores roubar comida dos fazendeiros locais. A Sicília fica a quase mil quilômetros da Gália Cisalpina. Para marchar toda a extensão da Itália (ou-

Espártaco e seus gloriosos gladiadores

tra vez) era preciso ter comida. Escravos locais que haviam fugido de seus senhores ajudaram mostrando aos saqueadores onde as provisões eram mantidas. Então as prisões da cidade foram esvaziadas e os prisioneiros recrutados para o exército de Espártaco.

O próximo problema que Espártaco enfrentou foi financeiro. O Exército dos Escravos Libertos precisaria de todo o dinheiro em que pudesse pôr as mãos para comprar armas e equipamentos suficientes para tomar a Sicília dos romanos.

Mais uma vez, o trácio tinha um plano...

REGRA GERAL Nº II PARA O EXÉRCITO DOS ESCRAVOS LIBERTOS

POR ORDEM DE ESPÁRTACO, O GENERAL GLADIADOR

• TODOS OS MEMBROS DO EXÉRCITO DOS ESCRAVOS LIBERTOS DEVEM SAQUEAR TANTO QUANTO POSSÍVEL. OURO, PEDRAS PRECIOSAS OU OBJETOS DE VALOR SÃO ACEITÁVEIS.

• QUALQUER TESOURO ENCONTRADO (OU ROUBADO) DEVE SER COLETADO E DEPOSITADO NA NOVA TESOURARIA DO EXÉRCITO DOS ESCRAVOS LIBERTOS.

ATENÇÃO!

• QUEM FOR VISTO GUARDANDO OURO PARA SI SERÁ EXPULSO DO EXÉRCITO.

Loterias letais e monstros marinhos

Espártaco usou os saques para comprar mais suprimentos. O dinheiro foi trocado por todas as armas e equipamentos que pudesse pagar. Quem não quisesse vender era prontamente agraciado com uma oferta irrecusável.

Depois de algumas semanas, o Exército dos Escravos Libertos estava pronto. As unidades estavam formadas para a longa marcha de volta ao sul e, no fim do verão de 72 a.C., partiram. Sua nova missão: "Liberdade ou Morte!".

Cruzando Crasso

Enquanto isso, Crasso cuidava da sua própria preparação. Além de assumir o que restara dos exércitos de Clodiano e Gélio, Crasso usara seu dinheiro e sua influência para recrutar alguns dos nobres mais ricos de Roma. Eles devem ter percebido que depois de acabar com os escravos Crasso se tornaria ainda mais importante em Roma. Mas, é claro, esse não era o motivo pelo qual eles estavam lutando. Não, não, eles só queriam fazer sua parte por Roma. Se porventura eles ficassem ricos e famosos, bom, isso seria um bônus. De qualquer forma, não seriam os nobres que lutariam de verdade. Seriam os cidadãos mais pobres

Espártaco e seus gloriosos gladiadores

de Roma que teriam de fazer o trabalho sujo. Crasso se garantiu comprando uma grande quantidade deles.

Antes do esperado, os espiões de Espártaco começaram a trazer informações sobre o colossal exército de Crasso...

Fronteira de Piceno, 72 a.C.

Crasso é a única coisa entre o sul e nós, mas eu não queria lutar contra ele. Todas as notícias que temos é de que seu exército é gigantesco e equipado com as mais modernas armas e armaduras. Pedi um conselho para a minha mulher e ela disse, "De que Crasso mais tem medo?". Não me ajudou muito — seria impossível eu roubar todo seu dinheiro. A menos que ela queira dizer que ele tem medo que marchemos sobre Roma... Claro, é isso! Fingiremos que estamos indo para Roma. Isso vai assustar Crasso e fazer ele recuar seus soldados para defender a cidade. Então nos retiramos de repente e seguimos para o sul. Crasso terá que defender a cidade até estar certo de que partimos. Isso deve nos dar uma boa vantagem inicial. Ela não podia ter dito isso logo de cara?

Loterias letais e monstros marinhos

Espártaco (assim como a sua mulher) estava absolutamente certo. Crasso estava bem mais preocupado em defender Roma do que em lutar com o Exército dos Escravos Libertos. Ele fez o seu exército cavar grandes trincheiras ao redor da cidade. Se o trácio queria marchar para Roma, então Crasso iria tornar as coisas o mais difíceis possível para ele.

Mas Espártaco não tinha intenção alguma de marchar sobre Roma. Na última hora, o Exército dos Escravos Libertos desviou da cidade. Em vez de Roma, Espártaco levou-o a Piceno, na costa leste da Itália. Se Crasso queria enfrentar escravos, então podia muito bem fazê-lo em campo aberto.

Crasso, porém, não estava pronto para abandonar suas defesas.

Espártaco e seus gloriosos gladiadores

Em vez disso, ele enviou um de seus comandantes com duas legiões para seguir Espártaco e ver o que ele estava fazendo. O comandante responsável pela missão, que tinha o infeliz nome de Múmio, tinha ordens claras...

Aposto que você já imagina o que aconteceu depois...

A Legião
ESPÁRTACO ATACA NOVAMENTE!

As esperanças de uma rápida vitória de Crasso contra os escravos renegados ontem foram por água abaixo. Apesar de ter mandado um bem pago contingente da nobreza de Roma atrás de Espártaco, Crasso perdeu a batalha de abertura de sua nova campanha. Isso aconteceu principalmente devido à incompetência de um de seus comandantes, Múmio.

Totalmente triturados
Em princípio Múmio seguiu as ordens. Suas duas legiões

Loterias letais e monstros marinhos

cercaram as tropas do trácio. Seguindo os escravos, Múmio observou seus movimentos e percebeu que eles não rumavam para Roma. Ao invés disso, estavam distanciando-se da capital.

"Pensei que aquilo era um sinal de fraqueza", disse, capenga, o jovem romano.

Apesar de suas ordens, Múmio começou a batalha. Ele pensava que o equipamento superior de suas novas legiões seria suficiente para desferir um golpe esmagador nos escravos rebeldes. Mas em questão de horas os homens de Múmio foram totalmente triturados. Divisões inteiras morreram e centenas outras deram no pé. Os que correram (incluindo Múmio, a múmia paralítica) deixaram para trás suas pesadas (e caras) armas e armaduras para correr mais rápido.

Cenas vergonhosas assim não eram vistas desde que Espártaco pôs os romanos para correr pela última vez.

"Eu quero meu Múmio", diz Crasso

Ao ouvir as desastrosas notícias do front, Crasso chamou Múmio para apresentar-se a ele. Segundo fontes de confiança, Crasso deu ao covarde comandante uma "dura reprimenda". Mas, falando ao nosso repórter, Crasso fez pouco da perda de tantos homens e equipamento.

"Eu disse que meu dinheiro podia comprar um exército, mas não que seria um bom exército. Eles não vão desobedecer ordens de novo, eu lhe garanto."

Crasso estava furioso. Suas ordens foram desobedecidas, seus homens foram mortos e um monte de equipamento novinho em folha foi perdido. O general romano devia agir rapidamente ou seu exército iria se desfazer. Ele decidiu usar um dos mais repulsivos castigos do exército romano: *Decimatio* [dizimação, destruição]. Seus soldados tiveram medo de Espártaco no campo de batalha. Então, agora

Espártaco e seus gloriosos gladiadores

Crasso decidiu fazê-los ter ainda mais medo de Crasso! Até escritores romanos descrevem o que se segue como "vergonhoso" e "terrível":

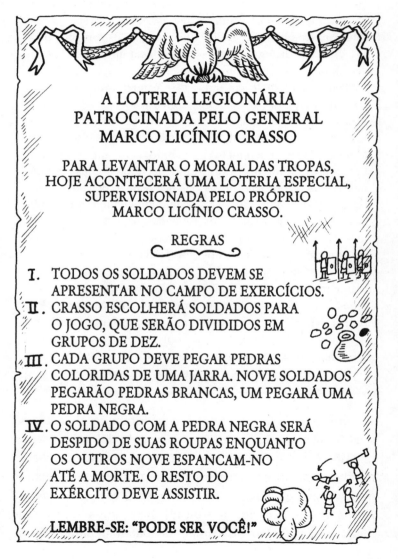

Loterias letais e monstros marinhos

Crasso escolheu os legionários que sobraram dos exércitos de Múmio, Gélio e Clodiano para jogar. Eram todos soldados que Espártaco pôs para correr e Crasso queria dar-lhes uma lição especial. Mas os soldados que assistiam também estavam aprendendo algo — não contrarie Crasso!

Com o seu exército agora completamente concentrado na nova missão, Crasso conduziu suas tropas até o sul, atrás do Exército dos Escravos Libertos.

A missão secreta

Com os romanos fora do caminho, Espártaco podia começar a pensar em seu próximo passo. À medida que o Exército dos Escravos Libertos marchava adiante, grupos de

Espártaco e seus gloriosos gladiadores

saqueadores recolhiam dinheiro e metais preciosos para a tesouraria de Espártaco. Ele usava parte do dinheiro para comprar novas armas, equipamento e comida, mas estava cuidadosamente fazendo um caixa dois. Quando achou que tinha o suficiente, designou seus dois mais confiáveis tenentes...

Sul da Itália, 72 a.C.

Ontem à noite, chamei Ganico e Casto até minha tenda. Mostrei-lhes o baú com o saque que eu estava juntando. Eles acharam que eu iria fugir com aquilo, mas falei que ia dar a caixa a eles para uma missão secreta. Queria que eles encontrassem os melhores piratas da Itália e os trouxessem até aqui. Nós precisamos de barcos para ir de Reggio até a Sicília, e os piratas têm os melhores barcos do ramo. Eu disse a Ganico e Casto para dar ao líder pirata o baú do tesouro (parece que piratas adoram isso) e dizer-lhes que tem mais de onde saiu esse. Aquele pequeno baú deve convencer os piratas de que devemos ser levados a sério. Espero que eles mandem alguém para negociar quando alcançarmos Reggio.

Loterias letais e monstros marinhos

Sem Ganico e Casto, Espártaco manteve o Exército dos Escravos Libertos marchando rumo ao sul. Eles estavam chegando perto do seu destino: Reggio, e depois — ao cruzar o Estreito de Messina — Sicília.

Espártaco fez o Exército dos Escravos Libertos acampar perto de Reggio e esperar pacientemente por seus confiáveis tenentes. Para passar o tempo, ele organizou treinamentos para o exército, ensinando-os a nadar (nas pequenas baías escondidas, próximas a Reggio) e táticas de invasão. Mas todo dia ele estava à espera de Ganico, Casto e dos piratas. Sem navios, o Exército dos Escravos Libertos ficaria preso. Mesmo com navios, Espártaco estava enfrentando um desafio ainda pior que o das legiões romanas...

Reggio, 72 a.C.

Minha mulher me contou a história de Odisseu e do Estreito de Messina. Parece que o maior herói grego de todos os tempos tentava navegar pelo estreito, mas encontrou dois monstros, Caríbdis e Cila. Caríbdis é um enorme redemoinho que suga navios até o fundo do oceano, afoga todos os marinheiros e depois sai cuspindo os infelizes ao longo da costa da Sicília. Cila é um monstro de seis cabeças. Cada cabeça parece uma cabeça de cachorro, mas tem três fileiras de dentes e está presa a um longo pescoço. Aparentemente, Cila vive na borda das falésias do lado italiano e arranca marinheiros dos seus navios para fazer uma boquinha.

Espártaco e seus gloriosos gladiadores

> Não há dúvida de que minha mulher GRRR! sabe como fazer um homem se sentir confiante. Claro que não acredito nesses monstros (apesar de ter dormido mal ontem à noite). Estou apenas esperando Ganico e Casto voltarem. Se vamos invadir a Sicília, precisamos de navios para atravessar o estreito. (E se queremos atravessar, precisamos de uns marinheiros que saibam como evitar Cila e Caríbdis!)

A mulher de Espártaco estava certa sobre o Estreito de Messina — bom, mais ou menos. Não havia nenhum monstro ali, mas nem precisava. Apesar de o estreito ter apenas trinta quilômetros de comprimento e variar de três a dezesseis quilômetros de largura, é um trecho realmente assustador.

Loterias letais e monstros marinhos

O acordo pirata

O verão de 72 a.C. estava terminando quando Ganico e Casto finalmente chegaram a Reggio com a missão cumprida. Eles trouxeram uma delegação de piratas para conhecer Espártaco. É possível que ela incluísse até o rei pirata Heráclio (um nome quase tão temido pelos romanos quanto o de Espártaco).

Espártaco foi direto ao assunto. O Exército dos Escravos Libertos precisava de navios e precisava deles já! As notícias do norte não eram nada boas. Crasso havia abandonado sua fortificação de defesa e estava rumando para o sul. Para a invasão da Sicília dar certo (sem Crasso atormentando o exército pela retaguarda) teria que acontecer logo.

Os piratas sabiam que Espártaco estava com pressa e que não havia forma de atravessar a Sicília sem embarcações apropriadas. Primeiro, disseram que não poderiam levar todo o exército ao outro lado. Depois, que levaria tempo até que conseguissem todos os navios necessários.

Espártaco discutiu com eles. Primeiro apelou para o objetivo em comum: os romanos detestavam piratas quase tanto quanto odiavam escravos. Como isso não funcionou, ele lembrou os piratas de que eles lucrariam muito com saques por lá. Curiosamente, deu certo. O acordo estava finalmente fechado.

Espártaco e seus gloriosos gladiadores

Contrato de aluguel do navio do honesto Herácleo

Herácleo fornecerá navios para o Exército dos Escravos Libertos desembarcar na Sicília.

(Mil navios da mais fina qualidade, adornados em ouro e prata para que o Exército dos Escravos Libertos chegue com estilo.)

Tanto dinheiro quanto possível deve ser pago adiantado.

(Todo o tesouro do Exército dos Escravos Libertos é suficiente.)

Os navios devem chegar o mais cedo possível.

(Veja bem, leva tempo para reunir a frota; ela está espalhada pelo Mar Mediterrâneo vendendo escravos e coisas do tipo.)

Assim que os portos da Sicília estiverem nas mãos do Exército dos Escravos Libertos, os navios devem ser devolvidos aos piratas.

(Como pagamento adicional.)

Assinado por: Herácleo, rei pirata

e

Espártaco,

general do Exército dos Escravos Libertos

Loterias letais e monstros marinhos

É óbvio que Espártaco sabia que os piratas eram um tanto astuciosos; não eram piratas por acaso. Eles podiam querer mais dinheiro depois ou talvez tentassem sequestrar alguns escravos e fazer deles piratas. Mas Espártaco estava quase certo de que, no final das contas, eles cumpririam sua promessa.

Tudo que ele podia fazer era esperar para ver.

A MURALHA DA MORTE

Enquanto Espártaco esperava seus navios chegarem, Crasso não perdia tempo. Depois da humilhação de Múmio, Crasso estava mais cauteloso do que nunca. Primeiro ele mandou uma mensagem ao Senado pedindo que Pompeu fosse convocado a retornar da Espanha e Lúculo da Ásia, onde estava acabando com as forças de Mitrídates. Pedir ajuda deve ter sido realmente difícil para um homem orgulhoso como Crasso. Mas ele sabia que orgulho ferido era melhor que um corpo ferido em batalha contra Espártaco. Ele precisaria de toda ajuda possível.

Crasso marchou com seu exército até pouco abaixo de Túrio. Com todo o Exército dos Escravos Libertos acampado perto de Reggio, Crasso não queria aproximar-se muito. Múmio ignorou esse conselho e veja o que aconteceu com ele. Em vez disso, Crasso queria esperar por reforços antes de atacar. Ele não era o tipo de comandante que deixava seu exército sentado sem ter o que fazer e, depois de experimentar a versão Crasso da disciplina militar, os romanos provavelmente não queriam ser apanhados à toa por aí. Era hora de pôr para fora o equipamento de escavação mais uma vez.

A muralha da morte

Crasso era um comandante perspicaz. Ele notou que a área ao sul de Túrio tinha menos de 55 quilômetros de um lado ao outro. Então decidiu mandar seus soldados cavarem uma trincheira e construir uma muralha ao longo dela. Era um trabalho pesado, mas Crasso estava determinado a levá-lo até o fim. Se conseguisse terminar a muralha, talvez pudesse simplesmente fazer os escravos passarem fome até se entregarem.

Espártaco entendia o que Crasso estava fazendo. Mas o trácio não se importava. Para ele, o futuro do Exército dos Escravos Libertos ficava ao sul, cruzando o Estreito de Messina. Ocasionalmente, para se divertirem, os escravos atiravam galhos em chamas na trincheira. Às vezes eles atiravam flechas nos romanos, mas geralmente deixavam-nos se cansarem labutando na muralha de Crasso. Se Espártaco não estava preocupado com a muralha, por que o resto do Exército dos Escravos Libertos deveria preocupar-se?

Espártaco e seus gloriosos gladiadores

Nunca confie em um pirata

Enquanto o outono de 72 a.C. aos poucos virava inverno, o plano de Crasso começou a surtir efeito. Não havia mais comida nos arredores de Reggio. Com sua muralha terminada, Crasso podia impedir que os escravos conseguissem qualquer suprimento do resto da Itália.

Como se isso não fosse ruim o bastante para Espártaco, também começava a ficar claro que os piratas não tinham a menor intenção de retornar para ajudar o Exército dos Escravos Libertos...

Reggio, 72 a.C.

Minha mulher disse que os piratas tiraram uma com a nossa cara. Eu digo que o problema é que eles NÃO tiraram nossos caras DAQUI. Eles foram para longe com todo nosso dinheiro, meses atrás, e ainda não há sinal deles.

Herácleo, o Honesto? Eu vou dar uma de "honesto" com ele se algum dia ele aparecer na minha frente. Acontece que ele é amigo de Verres, o governador da Sicília. Agora Verres sabe tudo sobre nossos planos, bloqueou todos os portos e trancou todos os escravos. Aqueles piratas fedorentos navegaram de volta para casa se achando o máximo por terem tomado nosso dinheiro. Bom, eles vão levar de volta, de alguma maneira.

Com a gente encurralado aqui pela muralha de Crasso, será fácil para os romanos acabarem com a nossa raça. Ou eles vão nos deixar morrer de fome ou vão esperar até estarmos muito fracos e aí invadir. De qualquer forma, estamos numa situação bem complicada.

A muralha da morte

> Todos no acampamento começaram a perceber que as coisas andam mal. Tenho pavor de pensar no que vai acontecer quando eles se derem conta de que não há navios e nenhuma forma de voltar para o norte. Como sempre, são os gauleses que estão reclamando mais. Estão começando a querer um acampamento separado de novo e a questionar minha liderança. Parece que alguns deles acham que podem fazer melhor. Depois de todo trabalho pesado para conseguir unificar o Exército dos Escravos Libertos, tudo pode desmoronar (de novo!). Se isso acontecer, Crasso não vai nem precisar nos atacar. Nós provavelmente estaremos ocupados demais matando uns aos outros.

Para piorar as coisas, o inverno de 72-71 a.C. estava se tornando verdadeiramente insuportável. Tempestades e ventos fortes estavam açoitando o exposto acampamento escravo.

Não bastasse isso, Espártaco teve notícias de que o exército de Crasso logo seria reforçado pelas tropas de Pompeu. Se Lúculo também retornasse à Itália, o Exército dos Escravos Libertos teria que encarar um número enorme de soldados romanos. E não eram soldados quaisquer — eram os melhores de Roma.

Se o Exército dos Escravos Libertos não podia chegar à Sicília, restava a Espártaco achar uma saída para seus seguidores.

Espártaco e seus gloriosos gladiadores

Espártaco decidiu voltar a vaidade de Crasso contra ele. Ele sabia que o romano realmente queria derrotar o Exército dos Escravos Libertos sozinho. Se Pompeu e Lúculo chegassem antes de Crasso ter sua chance de vencer Espártaco, seriam eles, e não Crasso, quem ficariam com toda a glória. Crasso pareceria fraco demais para derrotar um bando de escravos sem ajuda. O antigo pastorzinho da Trácia estava prestes a arriscar-se em políticas de poder romanas.

Espártaco reuniu seus comandantes para explicar seu plano. Então, mandou um mensageiro para Crasso com uma oferta de fim pacífico para o impasse. Pode ter sido algo assim:

Caro Crasso,

Eu tenho certeza de que você está tão cansado deste terrível inverno quanto todos nós. Talvez você goste de um encontro para discutirmos os termos de um acordo pacífico para a crise atual. Se pudermos fechar um tratado de paz, você ficará com o crédito por "ter vencido" essa perturbadora guerra, em vez de deixar Pompeu e Lúculo te "socorrerem".

Sugiro as seguintes cláusulas de escape:

I. Você "captura" o restante dos gladiadores (incluindo eu mesmo).
II. Você deixa o resto do Exército dos Escravos Libertos "escapar".

A muralha da morte

III. Você zomba de Pompeu e Lúculo e retorna a Roma vitorioso.

IV. Você nos leva, gladiadores, de volta a Roma para desfilar na celebração da sua vitória. (Nós podemos até lutar na arena para você. Ou morrer na cruz, tanto faz, não estamos assim tão preocupados.)

Se você quiser saber mais sobre essa oferta, por favor, responda pelo mensageiro. Lembre-se, conversar é bom.

Atenciosamente,

Espártaco,
   o general gladiador

PS: Parabéns pela sua impressionante muralha, ela é realmente grande. Mas, é claro, ela não vai nos impedir de fugir, caso sejamos forçados.

Em troca das vidas dos gladiadores, Espártaco estava esperando conseguir poupar as vidas do resto do seu exército.

O general romano deve ter ficado extremamente tentado. Mas a ideia de negociar com um vil escravo deixou Crasso muito ofendido. A resposta romana foi clara:

Espártaco e seus gloriosos gladiadores

Mais uma vez, o general trácio reuniu seus comandantes. Era hora de bolar um Plano B, e rápido.

A muralha da morte

Espártaco e seus comandantes sabiam que a única opção verdadeira era abrir caminho através da muralha de Crasso. Mas antes de o exército fazer qualquer coisa, Espártaco queria ter certeza de que eles sabiam o que iriam enfrentar. Então ele emitiu duas ordens:

Espártaco e seus gloriosos gladiadores

Os soldados do Exército dos Escravos Libertos começaram a aborrecer os romanos. Eles atiravam objetos com estilingues, jogavam lanças, flechas e as tradicionais rochas na parede. Pequenos grupos rastejavam trincheira acima e atacavam qualquer romano tolo o suficiente para estar desprotegido. Um desses legionários se viu arrastado, vivo, para o outro lado da trincheira e para dentro do acampamento escravo.

> **Reggio, 72 a.C.**
>
> Ontem à noite eu troquei algumas palavras com o prisioneiro romano. Ele não queria responder a nenhuma pergunta, mas depois que nós o "persuadimos" ele foi muito gentil. Ele contou onde ficam os pontos fracos da muralha, quando os guardas são trocados e quando Pompeu deve chegar. Infelizmente para o romano, sua provação não está terminada. Vou usá-lo como exemplo. Tempos difíceis requerem medidas drásticas. Chega de bancar o bonzinho. É hora de ser firme. Tanto os romanos quanto o Exército dos Escravos Libertos vão ter que saber o que vem pela frente.

É claro que Espártaco havia sido consideravelmente firme no passado (você não vive no exército, sobrevive à escola de gladiadores e massacra romanos sem ser um pouquinho brutal), mas o que ele fez a seguir foi completamente desumano.

A muralha da morte

Espártaco queria lembrar seus soldados exatamente contra o que estavam lutando. Ele sabia que haveria dias escuros pela frente (e não só porque era inverno). Portanto, ele estava preparado para ser cruel de verdade com o romano. Assim como fez quando organizou jogos funerários para honrar Crixo, Espártaco estava usando a crueldade romana contra eles para mostrar que tinha razão.

Espártaco escolheu um pedaço de chão entre a muralha romana e o acampamento do Exército dos Escravos Libertos para que ambos os lados pudessem ver o que estava acontecendo. Então crucificou o romano à vista de todos...

Por três dias, o pobre romano ficou pendurado na cruz como uma terrível lição para o Exército dos Escravos Libertos e para os romanos. Qualquer romano que esperava que os escravos se rendessem mansos podia arrumar suas tralhas e ir embora.

Mas Espártaco não havia terminado sua aula para os romanos. As muralhas defensivas romanas eram famosas no mundo todo por serem indestrutíveis. (Dê uma olhada na Muralha de Adriano, no norte da Inglaterra, se quiser saber o porquê.) Mas o ex-gladiador não ia deixar meras trincheira e muralha abatê-lo. Mais uma vez, ele esperou a hora certa, então pôs em ação outro ousado plano.

Espártaco e seus gloriosos gladiadores

A turma do buraco na parede

No meio do inverno, os romanos celebravam o Festival da Saturnália. A homenagem ao grande deus Saturno envolvia muita bebida, banquetes e festas em geral. Apostas eram permitidas em público, execuções eram canceladas e, frequentemente, campanhas militares eram adiadas. Crasso não permitiu que suas tropas participassem das festividades, mas eles provavelmente encontraram uma forma de celebrar. Afinal, quem iria saber se alguns homens tomassem uns tragos e jogassem dados para honrar Saturno? O exército escravo estava preso atrás da muralha e não podia fazer nada, podia?

Mas no meio da noite (enquanto a maioria dos romanos estava, sem dúvida, dormindo para curar a ressaca), Espártaco atacou.

A muralha da morte

Mais uma vez, Espártaco mostrou aos romanos que não podia ser encurralado. Ele e seu exército estavam livres de novo.

"EU SOU ESPÁRTACO!"

O Exército dos Escravos Libertos perdeu 12 mil soldados ao romper a muralha de Crasso, e não foi sua única perda. Tendas, equipamento, bigas e carroças foram todos sacrificados para encher a trincheira. Sem todo seu equipamento, os sobreviventes do Exército dos Escravos Libertos podiam fugir mais rápido, mas levaria tempo para substituir todos os seus suprimentos

Depois da fuga, veio outra divisão. Mais uma vez foram os gauleses que decidiram não mais seguir Espártaco. Ganico e Casto separaram-se do corpo principal do Exército dos Escravos Libertos. Levando cerca de 20 mil soldados cada, eles montaram acampamento próximo a um lago na Lucânia. Enquanto isso, Espártaco pegaria o restante dos

"Eu sou Espártaco!"

escravos (cerca de 60 mil deles) e marcharia para o porto de Brindisi. Lá, ele planejou capturar a cidade e navios para levá-los de volta ao norte.

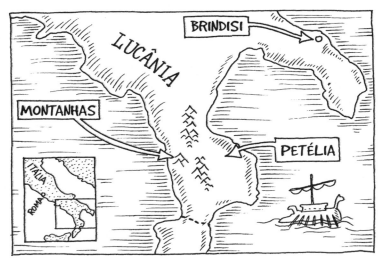

É possível que a separação tenha sido causada por má vontade. Certamente, o exército estava dividido novamente sobre o que fazer a seguir. Mas há outra possível razão. Depois de fracassar na invasão à Sicília, Espártaco poderia estar tentando uma nova estratégia: táticas de guerrilha.

Espártaco e seus gloriosos gladiadores

GUERRILHA, não gorila. Com o exército dividido em unidades menores, seria mais difícil para os romanos localizá-los. Certamente os exércitos ganhariam tempo.

Seja qual tenha sido a razão para a separação, Espártaco e seu bando de seguidores começaram a marchar em direção ao porto da cidade de Brindisi. Espártaco sabia que o tempo estava se esgotando. Pompeu já havia chegado em Roma e Lúculo estaria voltando a algum lugar da Itália em breve. A viagem para Brindisi seria razoavelmente curta (apenas cerca de 160 quilômetros), mas eles precisariam percorrer o caminho rapidamente.

A surpresa de Crasso

Enquanto Espártaco estava rumando para o leste, Ganico e Casto começaram a discutir a melhor tática para a campanha que estava por vir. Talvez eles imaginassem que Crasso levaria alguns dias para reunir seu equipamento de escavação. Eles estavam errados.

Crasso sabia que Pompeu logo chegaria para "ajudá-lo" a acabar com a guerra escrava. Essa era uma notícia terrível para o romano ambicioso. Quando Crasso pediu a volta de Pompeu, ele ainda estava abalado pela derrota de Múmio. Desde então, Crasso estava convencido de que poderia derrotar Espártaco (e ficar com a glória) sozinho. A ideia de seus implacáveis rivais participarem do feito deixou Crasso maluco. Ao invés de esperar na muralha, Crasso seguiu o Exército dos Escravos Libertos quase imediatamente. Seus vigias tinham visto o exército escravo separar-se e reportaram que a maior parte estava indo embora com Espártaco. Agora, Crasso acreditava que tinha a receita para a vitória...

"Eu sou Espártaco!"

A RECEITA DE CRASSO PARA A SURPRESA ESCRAVA

INGREDIENTES: DEZENAS DE MILHARES DE TROPAS MADURAS (UM POUCO DE *DECIMATIO* SEMPRE AJUDA A LUTAR UM POUQUINHO MELHOR). ALGUNS ARBUSTOS E RAMOS COMO GUARNIÇÃO. UM CAMPO DE ESCRAVOS REBELDES. UM POUCO DE MADEIRA (GRANDE O SUFICIENTE PARA SUPORTAR O PESO DE UM HOMEM).

MODO DE FAZER: PRIMEIRO MANDE SEIS MIL DE SEUS HOMENS ESCONDEREM-SE EM UMA DAS LADEIRAS MAIS PRÓXIMAS. (ADICIONE UMA GUARNIÇÃO DE PLANTAS AOS SEUS ELMOS PARA AJUDAR A ESCONDÊ-LOS.) QUANDO ESTIVEREM BEM ESCONDIDOS, ATAQUE O ACAMPAMENTO ESCRAVO COM O RESTO DE SUAS TROPAS.

ASSIM QUE A BATALHA ESTIVER ESQUENTANDO, FAÇA AS TROPAS ESCONDIDAS ATACAREM OS ESCRAVOS. (ESSA É A PARTE DA "SURPRESA ESCRAVA" E, NOSSA, COMO ELES FICARÃO SURPRESOS!)

Espártaco e seus gloriosos gladiadores

É certo que Ganico e Casto não estavam esperando um ataque. Eles tentaram recuar, mas isso era exatamente o que Crasso esperava. Pela primeira vez os romanos tiveram vantagem e não iriam deixar os pretensiosos escravos escaparem pelos seus dedos outra vez. Era hora de adicionar seu ingrediente secreto à mistura.

"Eu sou Espártaco!"

Mas para a surpresa de Crasso, não foi um esquadrão de legionários romanos que atacou ladeira abaixo. Foram Espártaco e o Exército dos Escravos Libertos.

Os escravos unidos

Duas mulheres do exército de Espártaco viram os soldados de Crasso "escondendo-se" na ladeira.

As mulheres adivinharam o plano de Crasso e correram para contar a Espártaco. Imediatamente, o general gladiador correu de volta. Ele deu aos soldados escondidos uma bela surra.

Então Espártaco marchou de volta ao acampamento no lago. Agora enfrentando todo o Exército dos Escravos Libertos, os romanos começaram a pensar duas vezes sobre o último ataque. Sem dúvida eles também estavam imaginando o que havia acontecido com seus companheiros escondidos. Todavia, Crasso mandou que eles lutassem no lago mais uma vez.

O Exército dos Escravos Libertos manteve sua formação. Espártaco, seu lendário general gladiador, estava do lado

Espártaco e seus gloriosos gladiadores

deles e todos estavam preparados para morrer lutando. A matança continuou. Mesmo depois da chegada de Espártaco, Crasso conseguiu abater mais de 12 mil escravos.

Mas as legiões de Crasso estavam ficando cansadas. Se a batalha continuasse, os romanos podiam perder sua vantagem. Então, ao invés de continuar a luta, Crasso permitiu que suas tropas se retirassem lentamente.

"Eu sou Espártaco!"

Espártaco também recuou. Com o que sobrou das tropas de Casto e Ganico (que não foi muito), ele partiu novamente para Brindisi.

Convite para uma luta

Depois da batalha, Crasso percebeu duas coisas. Primeiro, dos 12.300 escravos mortos depois de Espártaco ter entrado na luta, apenas dois homens foram feridos nas costas. Talvez agora até Crasso tivesse de admitir que Espártaco inspirou lealdade sem precedentes em seus seguidores. Mais de 12 mil escravos morreram mantendo a formação com Espártaco ao invés de virar e correr para salvarem suas vidas.

Depois, Crasso percebeu que ele tinha uma oportunidade de ouro (e Crasso realmente gostava de ouro) para terminar a tarefa sozinho. Pompeu ainda levaria dias para chegar e Espártaco agora estava por perto. Se Crasso conseguisse destruir Espártaco e os escravos agora, ele seria o campeão incontestável da guerra escrava. Crasso tentou de todas as formas provocar Espártaco para entrar em combate mais uma vez.

Caro Espartalhão
(também conhecido como Escória Escrava),

Todos sabemos que você está condenado a morrer em uma cruz. Depois das suas vergonhosas demonstrações de rebeldia, é tudo que pode esperar. Especialmente de pessoas tão civilizadas como nós romanos. Porém, eu tenho uma sugestão. Em vez de deixar Pompeu e

Espártaco e seus gloriosos gladiadores

Lúculo tomarem parte em sua derrota, porque não me deixa aliviar a sua vida? Seria uma pena se aqueles dois idiotas tivessem que se envolver, não concorda?
Em troca, dos seus seguidores só matarei aqueles que quiserem morrer (e talvez um pouco mais).
Encontre-me junto de minhas tropas em algum lugar da Lucânia para uma reuniãozinha. Você sabe que isso faz sentido.

Atenciosamente,
Marco Licínio Crasso

P.S.: Que tal me contar como você faz seus rapazes manterem a formação tão bem? Eu uso *decimatio*, mas parece que eles não gostam.

Espártaco ignorou a alfinetada romana. Ele não estava interessado em outra grande batalha. Ele tinha responsabilidades perante os antigos escravos que decidiram segui-lo. O gladiador não tinha medo da própria morte, mas sabia que Crasso cobraria uma terrível vingança de seus seguidores. A ideia de milhares de cruzes plantadas pelo interior italiano levou-o direto a Brindisi.

Temendo que Espártaco escapasse de suas garras, Crasso mandou dois de seus oficiais superiores atrás dele. Quinto e Escrofa tinham ordens de desafiar Espártaco para uma batalha. Inicialmente, eles fracassaram de forma terrível. Espártaco seguiu seu caminho, ignorando os dois romanos e suas ocasionais investidas à coluna escrava. Mas então Espártaco recebeu notícias muito ruins...

"Eu sou Espártaco!"

A Legião
LÚCIO LICÍNIO LÚCULO CHEGOU!
BRINDISI SAÚDA O VENCEDOR

Uma das maiores figuras guerreiras de Roma está fazendo uma breve visita a Brindisi. O general Lúculo voltou para a Itália depois de uma dura campanha contra o Malvado Mitrídates. O enérgico comandante está correndo para ajudar Marco Licínio Crasso. Com o afortunado Lúculo ao seu lado, Crasso vai finalmente derrotar o perverso Espártaco e seu bando de escravos renegados.

Os habitantes de Brindisi apareceram em massa para dar as boas-vindas ao general. Os poucos felizardos que puderam ouvir o magistral militar foram presenteados com um raro discurso:

"Eu não estou aqui para me exibir", disse o general à multidão. "Estou aqui para matar aquele arrogante Espártaco. Devia ter feito isso anos atrás. Ele foi um dos meus soldados, sabe. Imaginem deixar Crasso fazer isso. Ele pode ter um monte de dinheiro, mas não o poderio militar."

Escrofa só afofa

Espártaco imediatamente parou a marcha em direção ao porto. Ele lembrou do velho "Três Ls" dos seus dias como soldado romano. Ele precisaria de um tempo para bolar mais um plano, então o Exército dos Escravos Libertos acampou perto das montanhas de Petélia.

Mas os romanos recusaram-se a deixar Espártaco em paz. Escrofa e Quinto perceberam uma oportunidade. Eles atacaram o acampamento escravo.

Grande erro.

Espártaco e seus gloriosos gladiadores

Quando os romanos atacaram, Espártaco liberou a força máxima do seu exército reunido. De repente, os que atacavam estavam sendo atacados e não gostaram disso. O Exército dos Escravos Libertos, feliz por estar novamente em combate, rompeu as fileiras romanas. Mais uma vez a famosa disciplina romana ruiu e os soldados fugiram. Foi um mero acaso Escrofa ter escapado. Gravemente ferido pelos escravos alvoroçados, ele teve de ser arrastado do campo de batalha.

De volta ao acampamento escravo, o Exército dos Escravos Libertos celebrou como se tivesse derrotado o próprio Crasso...

"Eu sou Espártaco!"

Escrofa e Quinto haviam tido sucesso em instigar os escravos (mesmo que não tivessem planejado fazer exatamente daquela forma). Os escravos agora acreditavam que podiam encarar qualquer um e vencer. Eles disseram a Espártaco que deviam marchar até Crasso, derrotá-lo e então partir para cima de Pompeu e, depois, Lúculo.

Mas Espártaco não se deixou enganar. Ele sabia que o exército de Crasso ainda estava intacto. O Exército dos Escravos Libertos não estava ganhando novos recrutas da mesma forma que fizera no passado. Os proprietários de escravos estavam tendo maior cuidado para garantir que seus escravos não fugissem. Aqueles que queriam fugir, ou que eram corajosos o suficiente para isso, já o haviam feito. Ainda por cima, o povo da Itália, tanto escravos quanto romanos, vira Espártaco cair na armadilha de Crasso enquanto tentava tomar a Sicília. Eles ouviram falar da matança no lago. De fato, só quem não achava que o Exército dos Escravos Libertos estava condenado parecia ser o próprio Exército dos Escravos Libertos.

Mas Espártaco não era do tipo que abandonava seus amigos e fugia de uma briga. Ele ficaria ao lado dos escravos que arriscaram tudo para segui-lo. O que ele precisava mesmo era de um plano...

> **Montanhas de Petélia, 71 a.C.**
>
> Estamos cercados por todos os lados por romanos sedentos de sangue. Se ganharmos a próxima batalha, tudo que podemos esperar é outra e mais outra e mais outra... Por alguma razão, isso me lembra a escola de

Espártaco e seus gloriosos gladiadores

Baciato e a arena. Pelo menos dessa vez o palco é maior. O mundo inteiro está assistindo. Meu próximo plano deve ser o melhor de todos.

Poderíamos atacar Lúculo primeiro. Se o derrotarmos, ao menos estaremos direto no porto em Brindisi. O problema é que ninguém quer ir para o norte, então por que se dar ao trabalho de capturar o porto? A vida seria muito mais fácil se todos nós quiséssemos ir para casa em vez de mudar o mundo. Minha mulher diz que nós já mudamos o mundo — um pouco. Bom, isso não é o suficiente até onde eu sei...

Se formos para o oeste, encontraremos Crasso. Se ouvisse os escravos do acampamento, você diria que Crasso já foi derrotado. Só porque nós espancamos Escrofa e Quinto não significa que Crasso está liquidado. Mas, de certa forma, o acampamento tem razão. Ele ficou enfraquecido. (Aliás, derrotar o romano mais rico de todos seria uma coisa ótima de se fazer!) Temos que admitir, lutar contra Crasso é a melhor opção. I. Seu exército deve dar no pé quando aparecermos. 2. Se nós formos para aquele lado, Pompeu será forçado a permanecer em Roma caso decidamos atacar a cidade.

"Eu sou Espártaco!"

Então, Espártaco iria liderar seu exército de volta ao oeste. Voltando pela Lucânia e pelas cidades incendiadas de Nares e Polla.

Voltando também a Cápua e à ainda chamuscada escola de Baciato. Voltando em direção a Crasso.

Crasso cruza o campo

Espártaco e seus gloriosos gladiadores

Claro que isso era exatamente o que Crasso esperava que os escravos fizessem. (Deve ter sido por isso que não matou Escrofa e Quinto por incompetência.) Com Espártaco voltando-se de novo para a Lucânia, Crasso teria uma última chance de eliminá-lo antes de Pompeu entrar em cena. Enfim, a oportunidade de ouro de Crasso havia chegado.

O Exército dos Escravos Libertos foi até a nascente do rio Silarus, na fronteira entre a Lucânia e a Campânia. Lá eles assentaram seu acampamento de novo. A apenas alguns quilômetros de distância, Crasso estava fazendo o mesmo.

Rio Silarus, 71 a.C.

Então, é isso. A batalha vindoura será decisiva. Com Crasso fora do caminho, Pompeu terá de recuar, nós recrutaremos escravos suficientes para derrotar Crasso e então todos os caminhos levarão a Roma! Se perdermos? Bom, se perdermos todos os caminhos ainda levarão a Roma, só não viajaremos por eles tão confortavelmente. Seria terrível se o Exército dos Escravos Libertos fosse derrotado agora... depois de tudo que conquistamos.

Minha mulher diz que não preciso me preocupar: "O Exército dos Escravos Libertos viverá mesmo que você morra, Espártaco". Putz, será que dói ser um pouquinho otimista de vez em quando?

"Eu sou Espártaco!"

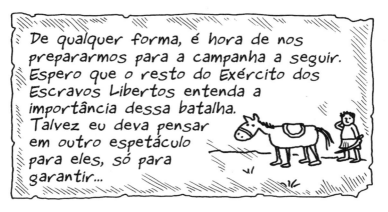

Mais uma vez Espártaco estava preparado para ser brutal para que seu exército o entendesse. Ele disse a um dos escravos para lhe trazer seu cavalo. Era o mesmo cavalo que Espártaco havia roubado de Varínio dois anos antes. Ele cavalgou-o por toda a Itália (duas vezes), e agora o usaria uma última vez.

Com a morte do cavalo de Espártaco, o palco estava preparado para outra enorme batalha. O Exército dos Escravos Libertos sabia que o seu líder estaria com eles até o último minuto.

Espártaco e seus gloriosos gladiadores

Espártaco vs. Crasso: O último round

Espártaco mal terminara de matar seu cavalo quando algumas de suas tropas partiram. Eles assaltaram as defesas romanas e começaram a lutar com os soldados de Crasso.

A batalha havia começado. Com Espártaco como líder, o resto do Exército dos Escravos Libertos atacou as linhas romanas. Mas, dessa vez, os soldados romanos (provavelmente com medo de outra *decimatio*) mantiveram suas posições.

"Eu sou Espártaco!"

Os escravos atacaram as linhas romanas diversas vezes, mas não conseguiram rompê-las. O próprio Espártaco tentou abrir caminho e enfrentar Crasso cara a cara, mas os soldados romanos tinham aprendido a lição. Dessa vez, o Exército dos Escravos Libertos não foi vitorioso.

Espártaco e seus gloriosos gladiadores

Espártaco lutou tão bravamente e a batalha foi tão épica que até escritores romanos fizeram críticas entusiasmadas à sua performance. Vamos deixá-los descrever os seus momentos finais na batalha:

"Eu sou Espártaco!"

> Espártaco foi ferido na coxa por uma lança. Desmoronado sob um joelho, manteve seu escudo erguido e lutou contra aqueles que o atacavam, até que ele e a massa de homens ao seu redor foram finalmente cercados e derrotados. A chacina tomou tais proporções que não foi possível contabilizar os mortos. O corpo de Espártaco nunca foi encontrado.
> APIANO

O Exército dos Escravos Libertos deixou de existir. A notícia de que seu líder, o herói gladiador, estava morto, foi demais para os escravos restantes. Cansados e enfraquecidos depois de perder dezenas de milhares de soldados, eles foram derrotados.

Mais de 60 mil escravos foram massacrados. Os escravos sobreviventes fugiram do campo de batalha. Infelizmente para eles (e para Crasso), correram direto para as legiões de Pompeu. Os homens de Pompeu mataram muitos deles, mas fizeram cerca de seis mil prisioneiros. É claro que Pompeu não perdeu tempo e disse a Roma ter sido ele quem finalmente acabara com a rebelião escrava.

Os seis mil prisioneiros foram tudo que sobrou de um exército que um dia teve mais de 100 mil homens. Crasso, é claro, não estava disposto a deixar aqueles prisioneiros sobreviverem. Especialmente porque ninguém podia confirmar que Espártaco estava definitivamente morto. Talvez o gladiador trácio fosse um dos seis mil.

Crasso e Pompeu não queriam arriscar...

Espártaco e seus gloriosos gladiadores

De Cápua, o cenário original da fuga escrava dois anos antes, até Roma, seis mil cruzes de madeira foram erguidas. Em cada uma, um escravo liberto morria...

Epílogo

Prisioneiros não foram as únicas coisas que os romanos conseguiram do derrotado Exército dos Escravos Libertos. Eles também encontraram dúzias de outros troféus, cada um mostrando quão próspero Espártaco havia sido ao liderar seu exército por dois anos:

TROFÉUS RECUPERADOS

5 ÁGUIAS ROMANAS
(CARREGADAS PELAS LEGIÕES ROMANAS DERROTADAS POR ESPÁRTACO)

5 FASCES
(CARREGADOS E PERDIDOS POR VÁRIOS COMANDANTES ROMANOS)

26 ESTANDARTES DE BATALHA
(CARREGADOS PELOS BATALHÕES ROMANOS DERROTADOS POR ESPÁRTACO)

E TAMBÉM:

3 MIL CIDADÃOS ROMANOS

Espártaco e seus gloriosos gladiadores

Vários anos depois da rebelião escrava, os romanos continuavam apavorados com Espártaco. Toda vez que um escravo matava seu mestre, os romanos se lembravam dele. Eles ficavam inquietos com a possibilidade de que Espártaco ainda estivesse vivo e voltasse para reerguer seu Exército dos Escravos Libertos. Pequenos grupos de escravos fugitivos e pobres camponeses ocasionalmente apareciam no sul da Itália. Mas os romanos não se arriscavam. Esses pequenos grupos eram esmagados sem piedade. Roma não podia arcar com outro Espártaco.

Se você está se perguntando o que aconteceu com Crasso e Pompeu, uma hora eles tiveram o que mereciam. Depois de derrotarem Espártaco, os dois tornaram-se políticos e militares famosos (apesar do fato de desprezarem um ao outro). Crasso foi morto em 53 a.C. enquanto liderava outra invasão. Sua cabeça foi cortada e usada como acessório em uma peça de teatro, para grande alegria de seus inimigos. Pompeu, o Grande, derrotou os piratas (bem feito pra eles!) antes de tombar perante Julio César. Ele foi assassinado no Egito em 48 a.C.

É claro que há extensas histórias escritas sobre cada um dos generais romanos e o que eles fizeram depois. Afinal de contas, eles eram romanos ricos e famosos, líderes do mundo "civilizado".

Quanto a Espártaco, o fato de que algo tenha de fato sido escrito a respeito de um pastorzinho trácio demonstra como ele foi inspirador. Ele enfrentou os romanos e esteve muito perto de derrotá-los. Ele lhes mostrou que um escravo podia mais do que apenas se defender contra eles. Não sabemos ao certo se ele morreu naquela batalha final, mas sua lenda sobreviveu para dar esperança às pessoas que viviam sob o Império Romano. Aqueles que o seguiram es-

Epílogo

tavam preparados para sacrificar suas vidas pela liberdade. Liberdade que Espártaco tentou tornar realidade.

Não é de surpreender que a história de Espártaco tenha se tornado famosa através de livros, filmes, espetáculos de balé e até no futebol (em homenagem a quem você acha que o Spartak de Moscou foi batizado?). Seu nome inspirou as pessoas ao longo da história. Dois mil anos depois da sua morte, famosos revolucionários como Karl Marx e os alemães "espartaquistas" usaram seu nome para inspirar sua própria luta. Toda vez que pessoas são maltratadas, exploradas e oprimidas de alguma forma elas podem se identificar com o pastorzinho trácio cujo sonho de infância de tornar-se um herói o levou aos livros de história.

A marca FSC é a garantia de que a madeira utilizada na fabricação do papel deste livro provém de florestas de origem controlada e que foram gerenciadas de maneira ambientalmente correta, socialmente justa e economicamente viável.

Composição: Américo Freiria
Impressão: Geográfica